別讓樂齡變成「樂零」

如何照顧失智者的荷包，
金融人員的必修照護課

監修╱**意思決定支援機構**

編著╱**成本 迅**
京都府立醫科大學教授

翻譯╱**鄭嘉欣**

審定╱**邱銘章**
臺大醫學院神經科教授

實踐！

失智者友善金融指引：

專業人士如何溫柔對待並幫助高齡者。

書泉出版社 印行

首先，很感謝台灣失智協會湯祕書長和五南出版社的侯主編，在我到澳洲從事教授研究休假時，介紹我看這本好書。這本書對於一個從事失智症診療、照護、保險、金融、法律相關服務的專業者來講，可以說是期待已久的甘霖。

自己在從事失智症醫療、研究與社會服務工作，將近四分之一世紀以來，不知見識了多少因處理失智症患者的財務問題，而造成手足鬩牆、親子對抗，甚至為了爭產而鬧上法庭、纏訟多年的家庭倫理悲劇。

有些幸運的狀況，像患者本人在發病後，還可以清楚表達自己的意思（仍具有效意思能力），或曾經預立財務規劃書、事先指定法定代理人，事情大多可以單純而平和的解決。可是畢竟這類幸運的個案都是少數中的少數，大部分來向醫師求助時，都已經相當棘手。可能的原因有二：首先，臺灣的社會民情都覺得自己或長輩都還好好的，怎麼會需要去書立那種聽起來像是「遺囑」的觸霉頭的東西？而且法律程序好像又很麻煩的樣子。其次，失智症的發病，通常是漸漸發病，徐緩惡化；通常來一場大病住院，如感染（肺炎、尿道感染），手術後就突然判若兩人，讓家屬措手不及。

本書除了制度面的介紹之外，最大的特色就是應用一個接一個的活生生案例，以講故事的方式來教導金融機構服務人員，如何細心察覺、溫柔應對、完善處理各種簡單或複雜的個案，並幫助這些服務人員，如何透過瞭解老年或失智的顧客，可應用的資源或單位之間的連結，來友善、溫柔的幫助他們。有些故事讓我這個經驗過很多實際案例的人，心有戚戚焉。其中 4-1 的 case·7，家人的意見對立，但高齡失智的媽媽，對於兩個女兒的意見都言聽計從。曾經見過一個企業家，一方面因為記性不好，另一方面情感上不願意違背自己所疼愛小孩的心願，在短時間內把企業的經營權一下子交給二兒子，另一次又要交給老大與老三兩人共同負責，這樣子的爭執，到了法院，法官也很為難。

書中有許多很細心的指引讓人感動，比如說，必須從多年的高齡顧客，最近到銀行的頻率、言語、穿著的改變，來

判斷他們是不是開始有失智的早期徵兆。另外，在應對當中，也有很精彩細緻的行為準則，避免誤踩與失智症患者應對時的地雷。比如當患者氣急敗壞的到銀行，說她的存摺被偷了，即使你看到了存摺就在她的包包裡面，也不能心急的告訴她，你看到了，或幫她拿出來。否則可能會被認為是你把存摺拿走，又偷偷放回去的。

　　本書的精彩之處，還有一些法律層面的介紹，除了在通報「地區照顧中心」或警政機關時，個人資料保護法的豁免解釋，也包括日本的「成年後見制度」（臺灣是法定代理人、輔助或監護宣告）的介紹。

　　讀完本書以後，比較令人感到遺憾的是，這本書講的是我們的鄰國日本的照護實務和行動指引。除了書中偶爾日式用語會讓讀者感受到濃濃的日本味外，也會讓熟悉臺灣現況的讀者察覺到，不管是在照護系統（如地區照顧中心的角色），還是很多保護高齡者的金融法令制度，臺灣相對而言還是比較落後。不過這應該是我們努力的方向，從這本小書開始，讓臺灣的家屬、金融保險從業者、法律制定者瞭解，我們要怎樣努力才能有效做到，在金融和財務方面「友善對待我們的高齡，甚至失智症的長者」，確保他們在財務上安全無虞的老年生活。

邱銘章　臺大醫學院神經科教授

2020 年 6 月　於布里斯本

超前布署，面對失智者金融法律問題

隨著失智人口快速增加，失智者財物剝削案件也逐漸增多。根據台灣失智症協會於 2019 年所蒐集的案例調查顯示，74 位失智者於發生財物損失時，有 34 位尚未被診斷為失智症、65 位尚無輔助或監護宣告，顯示財物損失可能為失智症早期徵兆，經常在不知不覺間發生。失智者財務被剝削也帶來巨大金錢損失，甚至被冒用為人頭帳戶，法律上卻往往求助無門。失智者遭受財物損失時，卻經常因為尚未有監護或輔助宣告，或尚未確診失智症，無法確認行為發生，時失智者的意思能力，因此在法律上經常被判敗訴，最終只得認賠損失大筆金錢。台灣失智症協會有鑑於此類事件層出不窮，特別在 2019 年 9 月 7 日台灣失智症聯合學術研討會時，以「財務安全，生活安心：保障失智者人權免於財務剝削之策略」為主題，並在當天召開記者會。台灣失智症協會財務安全工作小組在記者會中建議主管機關針對醫療、社會福利、金融、戶政、地政、法律、警政等單位，加強宣導失智症財務管理警訊，跨單位合作保護失智者免於被剝削之人權，共創財務安全、生活安心的社會。

臺灣在 2019 年底估計有 29 萬人罹患失智症，且以每一年增加 1 萬人的速度快速增加之中。罹患失智症後，除了記憶障礙外，也會影響其他認知功能，尤其是判斷、理解、語言表達、方向感、執行功能等。失智症也常併發行為精神症狀，尤其是被偷妄想、嫉妒妄想、被害妄想、情緒不穩定、衝動、不恰當行為等。以上這些合併認知功能障礙與行為精神症狀的失智者，有可能會產生重複詢問、不易理解別人的解釋與操作器具（例如：自動提款機）、被詐騙、深信有人偷他東西、配偶不忠、有人要害他、偷別人的東西而不自知、突然與人衝突等不恰當行為、車禍或交通違規等，而經常遭遇到一些法律糾紛，甚至讓患者與親友彼此不諒解，而增加了照顧負擔。

台灣失智症協會法律顧問鄭嘉欣律師，長期致力於協助失智者與其家屬處理其法律問題，這次也特別翻譯日文書籍「失智者金融指引」，並經台灣失智症協會前理事長臺大醫

院神經部邱銘章教授親自審定，這也是本協會從出版「失智症法律須知」後，再一次協助失智者法律相關書籍之出版。相信以他們在失智症相關法律與醫療的專業，應該可忠實的呈現失智者金融問題及其處理之道。

　　這本書主要章節包括：1. 瞭解失智症（從醫學的觀點）；2. 應該具備的基本知識；3. 現在立刻活用！案例學習；4-1. 金融機構的困擾（面對面篇）；4-2. 金融機構的困擾（訪問篇）；5. 金融機構應有的準備；對待失智症顧客應該避免的十三件事。本書從一開始介紹失智症，到一些案例學習與建議等，非常實用。這本書讓我最感動的內容有：與年長者溝通的方式、建立與年長者間信賴關係的方法、對於失智者金融機構應注意之要點，而且有來自醫師、社福、看護、法律人的建言。這本書所描述的是現今日本所面臨的失智者財務法律困境，但以文化相近的臺灣，其內容也幾乎可適用，我們能早一點具備這些知識，這也是一種「超前布署」吧！

　　整體而言，這本書值得金融機構、法律相關專業、失智者親友，甚至關心失智症之國人參考。在此，我也期待在累積更多案例後，鄭律師未來可出版臺灣經驗的「失智者金融指引」。

台灣失智症協會　賴德仁 理事長

年逾 80 歲的獨居失智老爺爺，在公園認識某位自稱投資高手的紅粉知己後，將 500 餘萬元的定期存款解約，提領後，全數交給該名甫認識不及三個月的陌生女子。90 歲的老奶奶，數百萬元的銀行存款幾近見底時，遭女兒遺棄在家中，數日之後，被迫承擔起照顧責任的兒子卻在網路上驚見老奶奶現住房屋的銷售廣告，而且，房屋的所有權人赫然已經變更成那位女兒。

銷售保險的業務員鼓起如簧之舌，將近 80 歲的失智老奶奶在臨近購買變額年金壽險的年齡界限前，把 800 萬的定存解約，全數用以購買變額年金壽險，不到一年，保單價值竟貶損逾 180 萬元。靈骨塔銷售集團採用人海戰術，不斷宣稱投資可獲高額利潤，退休不久的失智爺爺，除了將 600 萬元退休金傾囊投入外，還以現住房地向銀行貸款高達 900 萬元，不僅血本無歸，還因無力清償貸款，導致不動產遭到拍賣而無家可歸。

這些案例，在邁向超高齡化的臺灣社會，在失智海嘯鋪天蓋地席捲而來時，並不罕見。

受到經濟剝削的被害人，不僅是失智者。在失去畢生的積蓄之後，在預備的退休金化為烏有之後，在不得不將照顧重擔轉嫁予子女之後，下一代或下下一代在毫無預警的情況下，倏然駝負遠超過負荷的經濟包袱，家人之間可能為此日日口角紛爭難斷，而若家人根本無力承擔，社會福利機制必須介入並伸出援手，稅基財源是否足以因應，又是另一門艱難課題。

藉由訴訟請求返還受詐欺的金額，是多麼遙不可及的希冀？曠日廢時的漫漫求償長路，考驗的除了失智者如風中殘燭的餘年、家屬負擔訴訟的經濟能力，好不容易獲得勝訴，面對詐欺者脫產，留下的仍然是執行無著的徒呼負負。

預防勝於治療，說得不僅是醫療，也是法律，能夠預先採取防制財產侵奪的手段，也就能夠稍減喪失經濟依恃、安穩晚年夢碎的悲劇。

然而，我們目前用以保護失智者財產的工具，僅有民法所定的監護及輔助宣告、不動產預告登記、金融註記等，此外，就僅能依靠其實並不可靠的家屬提高警覺及小心謹慎。

　　因此，當我初次拿到這本「溫柔對待失智者金融指引」的日文書並開始閱讀時，內心有無限的感動。醫療、法律、照護、社會福利及金融業者等各種專業領域的人員打破藩籬，捨棄本位成見，通力合作，發揮互助、互利、互惠的精神，努力達成共同的目標，也就是保障失智者的財產安全。失智者晚年的靜好歲月，成為超高齡社會的進步指標。

　　在必須合作無間的體系中，金融業尤其扮演了無比吃重的角色。

　　大概從收到第一筆壓歲錢、父母基於法定代理人身分而代為申設銀行帳戶之際，從儲蓄帳戶、定期存款、購買保險、申請信用卡、各項貸款、證券投資等，直至晚年的安養信託，人生與金融業絕對是息息相關。也因為這樣的客戶依存、緊密黏著，長久交易的習慣，一旦出現不可思議的細微改變，臨櫃人員或證券、保險業務員可能比家人更容易立即發現。這也是為什麼本書透過許多則案例，說明在失智者恐有遭受經濟剝削之虞的徵兆出現時，金融業的從業人員也應該能夠積極應對處理。

　　不論閱讀這本書的讀者是哪個領域的專業人員，相信都會在案例中獲得更多啟發，也期待我們導入更多的制度，讓失智者能夠安適、舒心、自在、經濟無虞地度過人生的九局下半。

　　翻譯這本書到最後階段時，我最親愛的母親，她也是一個失智者，生命的蠟燭無比艱難的燃燒殆盡。想著她曾經燦爛的笑顏，我在難以言喻的傷慟中，仍舊不願中輟。

　　這本書的翻譯者版稅，全數捐贈給社團法人台灣失智症協會，但願，我們能夠共同守護失智者，並預約一個沒有失智的未來。

譯者　鄭嘉欣

「實踐 溫柔對待失智者 金融指引」

隨著急速高齡化，金融機構對待日常生活需要協助的高齡顧客，必須具備與現今完全不同的觀點。

根據某金融機構所做的調查報告，對於接待高齡者的窗口人員，調查他們最困擾之事，寄回來的回答有「多次說明所詢問的事項，卻仍然無法理解」、「反覆多次申請補發存摺、書面資料等」、「『存款餘額很奇怪』、『是誰偷走了』等指控遭到竊盜」、「在說明過程中突然暴怒，情緒不太穩定」等。從這些回答，可以一窺金融機構接待高齡者之應對窗口的難處。

其他，還有「與往常相異，偕同友人前來，提領不尋常的高額存款」、「看得出來是家人、友人或其他人強行勒索而進行的金融交易」等回答。顯示出在金融機構的櫃檯，有可能發生疑似對於高齡者的經濟虐待、詐欺、恐嚇等情事。

我們在科學振興機構「革新的創新性創建程序（COI STREAM）」中，啟動「從健康到失智，從不間斷，支持高齡者在地生活之法律、工業、醫學等社會技術開發據點」項目，將法律、工業、醫學的研究者、社福、照護的實務人員、金融機構、企業及行政，結合為一個團隊，開創各式各樣支持高齡者生活之革新的、經濟的、整合的照顧系統。

作為其中一環，本書從許多金融機構加入的 21 世紀金融行動原則出發，蒐集上述在金融機構所提供，臨櫃接待高齡者感到困擾的案例，就這些應對的案例，精神科醫師、臨床心裡師、律師、代書（譯註：原文為司法書士，日本的司法書士，類似我國的代書，必須經國家考試及格，但所從事之業務除不動產登記外，一般的司法書士係協助準備文書資料並負責不動產、商業、公司、船舶、債權讓與等登記，另可受當事人委任而從事財產管理、擔任相當於我國監護、輔助宣告之監護人或輔助人，如經日本法務省認證，尚可協助為簡易訴訟、和解、民事保全、證據保全及督促程序等，在日本被認為是更靠近一般人民的街頭法律家。）、社會工作師反覆討論，彙整成這一本直接面對高齡者的指南，主要講述提升高齡者的安全感、維持或改善彼此間的信賴關係，引

導出正確、適當意思的方法或注意事項之要點等，不論是臨櫃或拜訪等接待客戶之狀況，均應嫻熟之有益而專門的知識。

　　本書與迄今為止之金融機構應對高齡者的技巧書不同，係從理論與實踐的兩方面，醫療、社福、照護、法律等專業工作者以及金融機構，能夠學習各專業人員如何合作以具體應對高齡者的指引。

　　對於今後必須要應對逐漸增加的高齡者、失智症高齡者的金融機構而言，希望成為必讀的一本書。

　　最後，本書的完成，提供專業知識的志學館大學的飯干紀代子老師、中央大學的小賀野晶一老師、提供寶貴案例及重要建議的京都銀行股份有限公司、21 世紀金融行動原則、持續參與地區照顧工作小組的三井住友銀行股份有限公司、損害保險ジャパン日本興亞股份有限公司、第一生命保險股份有限公司、三井住友信託銀行股份有限公司，提供建議並給予各種協助的瑞穗情報總研股份有限公司、大日本印刷股份有限公司、ベネッセスタイルケア股份有限公司。藉此序，表示內心無限的感激。

　　支持高齡者在地生活之法律、工業、醫學等社會技術開發據點（Collaboration center of Law, technology and medicine for autonomy of olders adults: COLTEM），更詳細的資訊可至網站瀏覽。

http://coltem.com/　　　COLTEM　檢索

目 錄
CONTENTS

別讓樂齡變成「樂零」！
如何照顧失智者的荷包，金融人員的必修照護課

瞭解失智症
（從醫學的觀點）

所謂失智症，係指：①大腦的疾病，一旦罹病，認知機能逐漸下降；②遺忘及判斷力下降及；③導致生活無法如常順利。引起失智症的原因有各種各樣（表 1-1），以阿茲海默型失智症為代表的神經病變，由於神經細胞內累積了毒性物質，神經漸漸受到損傷，神經細胞數量減少，導致大腦萎縮，特徵為症狀係以年為單位逐漸惡化。

血管性失智症，是腦出血、腦梗塞等腦中風之後遺症，由於血管障礙導致阻絕神經細胞的血液循環而造成的腦損傷。

除此之外，還有腦部腫瘤及常壓性水腦症等腦部受到損傷所致、酒精及藥品（安眠藥、抗焦慮藥、類固醇等）中毒導致神經細胞受損、機能低下而產生。甲狀腺功能低下、缺乏維他命等全身性疾病，致腦機能低下而產生失智症。

表 1-1 ● 失智症的原因及疾病

腦退化性疾病	● 阿茲海默型失智症 ● 路易氏體失智症 ● 額顳葉型失智症
腦中風的後遺症	● 血管型失智症
其他	● 腦部腫瘤、常壓性水腦症 ● 甲狀腺功能低下、缺乏維他命 ● 酒精及藥品中毒

根據報告，阿茲海默型失智症占全部的半數以上（67.6%），其次為血管型失智症 19.5%、路易氏體失智症 4.3%、額顳葉型失智症 1.0%，其他 7.6%。

出處：厚生勞動省科學研究費補助經失智症對策綜合研究事業「在都市之失智症罹患率及生活機能障礙的應對」（代表：朝田隆）平成 23 ～ 24 年度綜合研究報告書。

❶ 阿茲海默型失智症

約於 100 年前，由德國的阿茲海默博士發現而以之為名。神經細胞內累積了毒性物質，神經漸漸受到損傷，患者過世之後，以顯微鏡觀察大腦，確認有老年斑塊 ※ 及神經原纖維變化 ※。這樣的變化，並非發生在整個腦部，初期係產生於海馬迴、頂葉及顳葉，漸漸會擴展至額葉（圖 1-1）。從病理變化的特徵，海馬迴係與記憶相關、頂葉則與空間有關、顳葉關係語言能力，以年為單位，大約在十年間，漸漸產生障礙及損害。

表 1-2 ●阿茲海默型失智症之症狀及過程

發病前期	● 憂鬱、輕度健忘
初　　期	● 忘東忘西、忘記日期
中　　期	● 說不出話、無法穿衣 ● 無法如廁 ● 步行障礙、肌肉僵硬導致動作困難 ● 想不起居住所及親人
後　　期	● 無法說話 ● 臥床不起

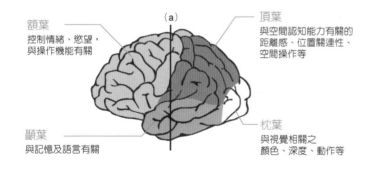

額葉
控制情緒、慾望，與操作機能有關

顳葉
與記憶及語言有關

（a）

頂葉
與空間認知能力有關的距離感、位置關連性、空間操作等

枕葉
與視覺相關之顏色、深度、動作等

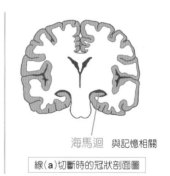

海馬迴　與記憶相關

線(a)切斷時的冠狀剖面圖

圖 1-1 ●腦的構造

※ 老年斑塊：被稱為 β 澱粉的蛋白質沈積，請想像一下，隨著年齡增長而在皮膚上出現的斑點。這樣的老人斑，會妨礙神經的傳遞機能，對於神經細胞造成損害。

※ 神經原纖維變化：相對於老人斑，係出現在神經細胞以外，神經原纖維變化會在神經細胞及神經細胞的突起中，產生像線屑一樣的物質，一旦增加，正常的神經細胞就會減少，導致神經機能無法正常運作。

發病時 76 歲（女性）

本來有筆記的習慣，卻忘記筆記放在哪裡，且變得無法管理金錢，在一般的地方雖然不會迷路，但搭乘地鐵而來到地上層時，會因為不知身在何方而迷路。女兒因為很擔心母親，向專科醫師求診，診斷為阿茲海默症，開始給予抗失智症的藥物，持續獨居幾年後，於 79 歲時，因無法自理生活而與女兒同住。同時申請介護保險、並開始使用居家看護及日間服務，得暫時獲安定的生活。82 歲時，經常看到其哭泣的模樣，給予抗憂鬱藥後，有所改善。83 歲時，排泄需要他人協助，且因 ADL※ 之低下而引人側目。另外，跌倒導致大腿骨折而住院，出院後隱約出現無精打采的樣子。從這時候開始，若僅有其一人在家時，很多次都被發現在外遊走，開始利用短期照護機構※，以減輕女兒的照顧負荷。84 歲時，得了感冒導致日夜顛倒，夜不成眠還興奮地打算從家裡跑出去。到了 85 歲，難以繼續在家照護，而入住團體家屋。

❷ 路易氏體失智症

與阿茲海默型失智症相同，分類為神經病變疾病。可以見到與阿茲海默型失智症相同之海馬迴、頂葉、顳葉等大腦部位的萎縮，但海馬迴的萎縮較阿茲海默型失智症輕微。此外，從腦血流 SPECT※ 來看，有枕葉血流下降之病例接近半數。症狀除了有健忘、視空間機能障礙、言語障礙等與阿茲海默型失智症共通之症狀外，還能看到與帕金森氏症相類之注意力容易變動、好與壞的差別極大及幻覺等症狀。

※ADL：Activities of Daily Living（日常生活動作）的略稱。在日常生活當中，基本且普通的行為或動作。具體來說，是指飲食、排泄、整理儀容、移動、洗澡等基本的行為。這是在復健訓練及照護領域中所使用的用語之一，作為評估需要照護的高齡者及身障者能夠獨立生活的程度之指標。較 ADL 更高階而複雜的動作，稱為 IADL （Instrumental Activities of Daily Living：工具性的日常生活動作），舉例而言，購物、清潔、打掃等全部家務以及金錢管理、藥物管理、外出時搭乘交通工具等。

※ 短期照護機構：需要照護者於一定期間內，短期入住的設施，能夠接受飲食、洗澡等生活上的協助及身體復健訓練，有效減輕照顧者負擔的服務。

病例 發病時 67 歲（男性）

　　約 67 歲時，動作變得緩慢、走路緩慢、步幅變小（帕金森氏症的症狀）。此時，會說出妻子的臉看起來好像是別人的臉的話（視覺異常）。症狀會變動，有時能夠毫無問題流暢的對話，有時則是講話前後矛盾不一致（變異性高）。到了晚上，出現指控有人進入屋內而膽怯的樣子（幻視）。

---

❸ 血管型失智症

　　腦梗塞及腦出血等血管問題之後遺症而產生之失智症，其特徵固然是隨著腦梗塞、腦出血再度發生以致逐漸惡化，但也有因微小的腦梗塞及慢性的腦部缺血※而漸漸變嚴重的類型。從早期就可見步行障礙、深部膝反射※異常等神經學症狀及尿失禁。此外，在精神方面，情緒容易激動、易怒；另一方面，平時無精打采且活動力低的情況也很多。很多會合併有肥胖、高血壓、高血脂、糖尿病等生活習慣所致疾病，為了防止症狀持續惡化，預防這些疾病是非常重要的。

※SPECT：Single Photon Emission Computed Tomography（單一光子輻射斷層攝影裝置）的略稱。以腦血流 SPECT 檢查，能夠看到腦部血流狀態，雖還不到萎縮，但機能低下的地方，血流速度下降，可以較 MRI 及 CT 更早期檢查出腦部的變化。因為阿茲海默型失智症及額顳葉型失智症之血流下降的模式不同，有助於鑑別診斷。

※ 腦缺血：腦部的血液循環量減少，而出現機能障礙的狀態。這樣的狀態若持續，將會產生器質性病變，即腦梗塞。

※ 深部膝反射：拍打膝蓋下方，腳就會向前彈跳的反應，是為了防止突然的外力損傷肌肉而有的生理防禦反應，如果反射過度激烈或極端微弱，甚至是完全沒有反應，很有可能是與脊髓相連的神經迴路及大腦的控制，出現問題。

病例 發病時 84 歲（男性）

84 歲時，突然說不出話（失語），以 MRI 檢查，認定是左額葉腦梗塞，住院接受治療。雖然發音還不清楚，但在能夠說話前，已經恢復而出院，但變成以前樂在其中的槌球已經不參加了，還一直待在家中（活動性低下、沒有精神）。因為糖尿病的宿疾，將近二十年，都是自己施打胰島素，卻變成無法順利施打（操作機能障礙）。

❹ 額顳葉型失智症

特徵是從早期就可見反社會性的動作、難以控制的性格及行動的變化等，額葉的中心出現萎縮，對衣著毫不在意、入店行竊、對他人毫無關心，幾乎沒有病識感※。飲食的喜好發生了變化，變得喜歡甜食，隨著症狀發生仍保有記憶力及識別能力※，而有一開始被診斷為精神疾病的情況。

病例 發病時 57 歲（男性）

身為計程車的駕駛，卻頻繁地發生車禍，甚至肇事逃逸，因而反覆遭到解雇。辭職後僅能待在家裡，過著每天都在同一時間前往超級市場購買同樣的物品，往返行經同樣的道路的生活（時刻表的生活）一起去購物時，若有未結帳就直接把商品拿走的情況，務必要加以制止。

※ 病識感：自己對於自身的疾病缺乏自覺。若沒有病識感，會有拒絕治療、中途放棄前往醫院或吃藥，而難以具備治療效果。

※ 識別能力：根據時間、場所、人物等而判斷自己所處狀況的認知機能，即為識別能力。識別能力下降，稱為識別能力障礙或失識別能力，會變成難以辨識日期、週幾等，不清楚身處場所、不認識當下對面的人。

早期治療失智症是很重要的！

　　對於失智症，早期接受診斷是很重要的。罹患失智症之原因，其中一部分疾病，施以內或外科的治療是可以治癒的。常壓性水腦症，若接受抽取腦脊髓液之外科手術，可以期待獲得改善。另外，若係甲狀腺功能低下或缺乏維他命，各自服用甲狀腺荷爾蒙或維他命予以補充的話，也足以改善。退化性神經病變的失智症，目前雖然尚未開發能夠根治的藥物，但已經開發了延緩症狀的藥物，假如接受診斷並儘早開始服藥，或許能延遲症狀的進行。此外，更早整備支持本人的體制，應能預防精神症狀以及防止惡意詐欺所致損害。首先，告知本人及家人診斷及疾病特徵，做好之後接受護養療治的準備。

出現什麼樣的症狀，即應該就診呢？

　　忘東忘西的症狀，會以下述的形式在日常生活中出現：①反覆詢問日期；②反覆回答或詢問同樣的問題；③忘記放東西的位置，但卻很醒目；④忘記關水龍頭或瓦斯。還有，判斷能力及計畫能力下降，亦可由以下的變化看出：①無法做複雜的料理；②無法購物；③無法管理藥物。女性雖已高齡，多數仍會從事料理、購物等家務，比較容易捕捉到上述情形；男性退休之後，幾乎不太從事家事及社會活動，致難以察覺其變化，通常會較晚發現。因為高齡者需要服用多種藥物，若無法管理藥物，將會看到早期的生活機能之變化。若突然停止或過量服用高血壓、糖尿病、狹心症等的藥物，將會有身體惡化的可能，需要特別注意。尤其，本人若無法察覺這樣的變化，罹患失智症的可能性是非常高的。

醫療機關診斷、評估

　　在醫療機關就診，首先應確認認知機能是否下降。在問診時，應確認就診理由、遺忘物品的自覺程度。另外，詢問服藥內容和年齡，則可以簡易的評估最近的記憶。為了進行認知機能的篩選檢查，改訂長谷川氏簡易知能評價量尺（HDS-R）※（譯註：長谷川式認知症スケール（はせがわしきにんちしょうスケール）是長谷川和夫所作的簡易智能測驗，主要用於失智症的篩選檢查）較之 Mini-Mental State Examination（MMSE）※ 更常被使用。另外，在白紙上

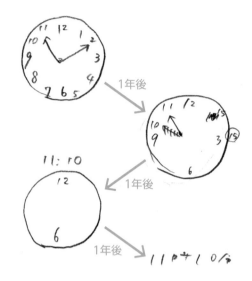

畫出 11 點 10 分之時鐘描繪檢查
（圖 1-2），也是簡便的方法，
因為能夠評估計畫能力及抽象概
念、視空間機能以及複數的認知
機能，也會被用來做檢查。

　　透過詢問家人、問診及篩選
檢查，若能查出認知機能下降，
進一步做更詳細的認知機能檢查
以及 MRI※、CT※、SPECT 等腦
部影像檢查、採血等臨床檢查，
根據檢查結果，鑑別出前述能夠
治療的失智症，以明白罹患失智
症之原因。

圖 1-2 ●隨著認知功能下降，描繪時鐘
　　　　的變化（1 年後→ 1 年後→ 1
　　　　年後）

※ 改訂長谷川氏簡易知能評價量尺（HDS-R）：年齡、時間、場所的認知能力、3 個詞的即時複誦及延
　遲複誦、計算、數字的倒算、物品的視覺記憶、言語的流暢度等 9 個項目組成的認知機能檢查，一般
　的標準，滿分是 30 分，20 分以下，可能疑似有認知功能低下。然而，分數以外，合併檢討失分的項
　目以及什麼樣的錯誤，也是很重要的。

※Mini-Mental State Examination（MMSE）：時間、場所的認知能力、3 個詞的即時複誦及延遲複誦、
　物品名稱、文章複述、3 階段的口頭命令、數字命令、文章字型、臨摩圖形等 11 個項目所組成，
　HDS-R 與之有重複之處。一般的標準，30 分為滿分，23 分以下，可能疑似有認知功能低下。然而，
　與 HDS-R 相同，分數以外，合併檢討失分的項目以及什麼樣的錯誤也是很重要的。

※MRI：Magnetic Resonance Imaging（磁振造影）的略稱。利用強大磁場及電磁波，將體內狀態描繪成
　剖面圖形式。跟 CT 相同，可以用於診斷有無腦萎縮、出血、梗塞等，獲得比 CT 更多的資訊，不使
　用 X 射線，故沒有輻射，不過，因為拍攝需要 30 分鐘，如果是不能保持安靜的人，恐怕無法拍攝。

※CT：Computed Tomography（電腦斷層診斷裝置）的略稱。利用 X 射線，將體內狀態描繪成剖面圖形式，
　用於診斷有無腦萎縮、出血、梗塞等。

② 地區合作、各專業人士合作的必要性

為了支持罹患失智症患者的生活，就早期發現、身體併發症、應對精神症狀等課題，醫療及福利專業間有積極合作之必要。例如：阿茲海默型失智症之特徵症狀係以年為單位逐漸進行，如圖1-3所示，需要一邊隨著病期而處理相異的課題，一邊支持失智症者及其家人。

地區的某人雖然發現自己得了失智症狀，但至他本人接受診斷前為止，尚有一段時間，這被稱為就醫門檻。為瞭解決這個問題，金融機構身為地區的一員，也能夠有一方面注意到顧客的變化、一方面與地區的相關單位密切合作之貢獻。早期診斷雖是醫療機關的責任，但是，向醫療機關提供患者在地方、在自家出現了什麼樣的變化等相關資訊，也是很重要的。最近，開業醫師也研習了失智症並提高了應對能力，正逐步建構與專科醫師合作的轉診※體制。根據醫師的診斷，開始利用對失智症者本人的社會福利服務，以便能夠進行防止失智症繼續惡化的工作，以及減輕家人負擔的照護服務。此時，常可見到本人有被害妄想、幻覺、憂鬱症等精神症狀。失智症若持續惡化，將會進入日常生活全部需要看護的階段，就會有需要入住機構或利用成年後見制度者。如何治療隨著失智症發展而出現的身體疾病，是醫學的課題，如何看護則是倫理的課題，都有應對處理之必要。

就醫門檻	早期診斷	精神症狀、防止惡化	身體疾病
● 地區的窗口 ● 初期症狀的普及啓發	● 篩選 ● 轉診	● 利用社會福利服務 ● 應對的方式 ● 藥物治療 ● 照護醫療合作 ● 轉診	● 居家看護 ● 居家醫療 ● 入住機構 ● 成年後見 ● 臨終末期的處理

圖 1-3 ●失智症的過程及課題

※轉診：在社區醫學中，核心的醫院與地區內的診所合作，必要時，診所醫師將病患介紹給具有專科醫師及醫療設備較充足的核心醫院，以提供高度的檢查及治療，恢復較好的病患，就繼續在原來的診所接受治療。利用這樣的模式，社區醫學能夠提供有效率的醫療。

1 瞭解失智症
（從醫學的觀點）

如果開始在意自己忘記東西的話 ……
自我檢查

因為變化都是緩慢出現 以一年前的狀態與現在的狀態互相比較是較好的
☐　遺失物品的情況很多，經常在找東西
☐　遺失錢包及存摺等重要物品
☐　如果不多次確認星期幾及日期的話，就會忘記
☐　家人說料理的味道好像變了
☐　忘了吃藥，或忘了到底有沒有吃過藥
☐　無法順利使用遙控器及操作洗衣機等電器
☐　煩躁易怒
☐　只有一個人時，感到很不安，變成懶得外出
☐　變得不喜歡原來的嗜好及喜歡的電視節目

如果開始在意家人或身邊的人總是忘記東西的話 ……
家人、身邊的人之檢查

因失智症所生變化，本人周圍的人先注意到的情況很多 家人及身邊的人試著檢查看看吧
☐　多次回答、詢問同樣的事情
☐　忘記的東西很多，經常在找東西
☐　無法分辨星期幾及日期，而需多次確認
☐　食物烹調的味道變了，需要花很多的時間準備
☐　忘了吃藥，或忘了到底有沒有吃過藥
☐　無法順利使用遙控器及操作洗衣機等電器
☐　被指出失敗就想要隱瞞，對很細微的小事動怒
☐　錢包及存摺等遺失，懷疑遭到竊盜
☐　對於原本的嗜好及喜歡的電視節目不感興趣

出處：京都市，京都府醫師會，失智症疾病醫療中心（監修）「失智症？『注意事項諮詢』檢查表」

應該具備的
基本知識

應該具備的基本知識

▨ 增進理解年長者本人意思的能力

　　不限於失智者，許多長輩都會有聽力困難、視力模糊的相關症狀。另外，注意力中斷導致思考無法專一、因為某個契機便立刻改變了想法，都可能會使長輩思考以及判斷變得曖昧難明。

　　因為經常看到長輩具有這種曖昧難明的感覺以及難以專注、記憶缺陷等特徵，增進理解長輩本人的意思並支持其個人的經濟活動等能力，是非常重要的。因此，於溝通時，應留意以下四點。

要點 1　應考慮房間的聲音、亮度、人員出入等

　　如何能夠幫助長輩將所尚保有的能力發揮至最大限度，首先，最重要的就是室內的環境。太過吵雜的人聲，會使長輩的聽力惡化。必須要先創造一個能夠讓長輩專注聆聽說明的環境。

　　房間的明亮度也很重要。患有白內障的長輩較難以看清楚對方的表情、書寫的文字。據說，對長輩而言，最柔和的亮度是晴天時，穿透蕾絲窗簾的光線（飯干，2011）。

　　也要考慮到人員的出入。因為長輩的注意力很容易受到擾亂，一受到干擾就會將視線投注在路過之人或遠處的聲音等，因此，討論的地點儘量不要設置在出入口附近。

要點2　注意聲音大小、文字及圖畫的尺寸

負責解說的人要儘可能以簡單易懂的方式說明，談話當中，若長輩多次反覆詢問，可能是有重聽。人有「即使聽不懂仍假裝聽懂」的傾向，重聽的長輩因為有太多次反覆詢問卻遭到惡臉相向的惡劣經驗，所以，即使無法完全聽懂，也會「嗯！嗯！」點頭，表現出一副已經「聽懂了」的表情。

長輩若有使用助聽器，務必請他戴上，若未使用助聽器時，則請他以聽力較佳的一耳來聆聽、答話。此時，與長輩對談之人不宜使用過高的音量，超過必要性的音量會使長輩形同暴露在噪音中，反而更不舒服。若長輩兩耳的聽力同樣差，請長輩看說話者的唇型，此時，說話者應直接面對長輩，張大嘴巴發出聲音，以幫助長輩能夠聽得清楚。言談間應儘可能使用長輩聽得到的聲音、聽得懂的言詞，必要時則

更換成更簡單易懂的單字。

輔以文字、圖畫說明時，特別需要注意文字、圖畫的尺寸、大小。如果有眼鏡，一定要請長輩戴上。為了確認長輩究竟有沒有看清楚文字，可以先寫下文字，請長輩朗讀。失智者的認知能力雖然逐漸下降，但大部分的人仍能閱讀阿拉伯數字，若長輩無法順利朗讀，且將寫有文字的紙忽而拿近，忽而放遠，或許可以猜測是文字太小的緣故。

要點3　一句話中僅含有一、二個關鍵字

隨著年齡增長，腦袋中負責記憶的記憶工作體之機能逐漸下降，一次無法記住太多的文字，也難以理解長文。金融交易資訊所使用之文字，縱使經過分析解說，對一般人而言仍然是陌生的。因此，向長輩解說金融商品時，在一句話當中，僅能使用一至二個關鍵字。以下面的內容為例，

（例）サ行、ザ行、マ行、バ行、ワ行、ラ行，較難以聽懂

× 「生年月日」 → ○ 「誕生日」
　　　　　　　　　　　（註：生是サ行）
× 「しちがつ」 → ○ 「ななつ」
　　　　　　　　　　　（註：し是サ行）

代換成容易聽懂的言詞！
（譯註：日文有發音相近的字，導致失智者難以正確發音）

●儘可能使用低沉的聲音
●一字一句清晰流暢
●注意容易誤認的言詞

圖 2-1 ●高齡者容易理解的說話方式

要拆分成幾個句子，一方面解說，另一方面還要藉由表情以確認長輩已經理解，再繼續下一句的說明。另外，也可以試著在紙上寫下關鍵字或繪成簡單的圖，再予以說明。

（例）「○○先生／女士的○○商品於6月到期，今後打算怎麼處理呢？」

↓

「○○先生／女士以契約購買○○型○○商品」

「6月即將到期」

「之後打算怎麼辦？」

「有什麼想法嗎？」

「可以的話，一起討論吧！」

為了確認長輩真的能夠理解先前的說明，試著詢問長輩：「您能否告訴我，目前為止，我所說明的內容？」此時，也可以同時利用上述要點3的關鍵字筆記。金融交易資訊的用語，對一般人而言是很陌生的。如果僅僅聽過一次，是無法完整複製原來解說者所說明的內容或文字。因此，比較困難的用語、文字，解說者必須邊看著筆記、邊指著筆記內的文字、邊向長輩說明。更重要的是，不僅需要說得流暢，還需要能夠邊看著筆記，邊說得有條有理。寫有說明內容關鍵字的筆記，在日後還有其他用途，假如長輩是輕度失智者，喪失記憶力程度較輕，還有自己思考的餘裕，日後，長輩看到筆記內容，很可能還能夠想起來當時說明的內容。

另外，長輩的家人在場時，可能會想伸出援手或誘導長輩回答，這時候，告知同行的家人僅能在場陪伴，不能代答，是非常重要的。詢問長輩時，應該直接看著本人，由長輩本人回答，其回答不應該是附和家人、朋友的答案，這樣，才能防止在場家人的過度介入。

表 2-1 ●幫助理解、推測長輩本人意思的方法

重　聽	● 引導至有分區、有隔間的安靜座位 ● 有助聽器者，務必要戴上加以使用 ● 與本人面對面、清楚說明 ● 筆談時，使用明確的關鍵字
注意力	● 不會注意到有人出入、其他聲音，而能集中精神的環境 ● 說話前，先叫長輩名字以喚起注意
記憶力	● 縮短句子。一句話僅使用一至二個關鍵字 ● 使用文字及圖畫等視覺輔助，較容易留下記憶。說明時使用筆記及圖畫，日後再度確認時，長輩會比較容易想起來
理解力	● 重複使用長輩熟悉的方式，使用平易簡單的言詞 ● 以簡單易懂的方式寫下說明的要點
選　擇	● 使用兩種選項 ● 能夠以「是」、「否」回答

② 如何建立與年長者間之信賴關係

❶ 理解對方的興趣、關心的事項
❷ 站在對方的立場，傾聽其言詞（聆聽）
❸ 適合對方的說話方式及肢體動作，給予安心感

　　建立與對方之間的信賴關係，是溝通最重要的基礎。面試或諮詢時，最重要的是先與對方建立信賴關係，在心理學領域的專門用語就是「rapport」。「rapport」是法語，意思就是橋梁。所謂信賴關係，乍聽之下似乎是很高深的層次，究其實，就是每個人與初見面認識的人說話時，內心可能會想「這是什麼樣的人」、「是否能安心與他對話」。因此，建立信賴關係，不僅要注意自己說話的內容，還要注意自己說話的表情、聲音的語調、節奏、姿勢、視線方向等。

　　首先，要先對於對方感覺興趣、表達關心，這是什麼樣的人、想要傳達什麼、想要理解對方，隨著關係逐漸發展，緩解對方的緊張，也拉近彼此的心理距離。

　　其次，站在對方的立場傾聽。不是「聽」，而是「聆聽」，不是「被動的」

聽對方說話」，而是「主動的」傾聽對方
以及理解對方的言詞內容。

　　表 2-2 是諮詢、傾聽時，針對於對方
的回答而給予的回應。

　　此外，配合對方說話的方式、動作、
節奏等，也能夠給予對方安心感。配合對
方的回答而給予應有的回應，雙方都能建
立起信賴關係，雙方的對話，自然而然就
會如同投球、接球一般順暢。

　　事實上，這種與高齡者建立信賴關係
的方式，也適用在工作、朋友、家族等一
般性的場合。

視線高度相同　笑容　點頭及附和　配合呼吸及聲音語調　總結談話內容　重複對方所說的話　不要打斷並鼓勵其說話

表 2-2 ●對於回答的回應

點頭	「是」、「是」、「嗯嗯」、「原來如此」
複述	語帶感情，反覆陳述對話的主題 「是這樣嗎」、「想這樣做嗎」
共鳴	雖然不是事實，但感情上表示理解 「對此很擔心吧」
接受	接受否定、攻擊式的言詞 「一想到錢被偷，就無法不感到不安吧」
感情的反射	明確表達幸福、憤怒、悲傷、恐懼等情緒 「那真是痛苦啊」
感情的明確化	類推曖昧的感情 「對於今後的生活，好像很不安啊」
沉默	等待對方整理思緒、感情後，再予以回答
支持	肯定、支持、承認對方的情感 「○○先生／女士這樣想是理所當然的」、「我也這樣覺得」

別讓樂齡變成「樂零」！
如何照顧失智者的荷包，金融人員的必修照護課

▨ 不要害怕沉默

雙方對話過程若出現持續沉默的情況，有時會覺得很慌張，急著想要說點什麼，不得不勉強自己想些話來說，這樣的話語，反而讓聽的人更加困惑，也使氣氛變得更加沉重。每個人都有過這樣的經驗吧？因為不擅長於沉默，無論如何都要想辦法填補對話當中的空隙。

然而，在諮詢時，沉默是很有意義的，是值得推薦的。在沉默時，千萬不要著急，

試著先理解對方的心情並思考沉默的意義，並且耐心等待對方的反應。沉默可能是：①對於對話是否定的、②猶豫不想說的時候、③正在總結自己的想法並考慮如何回答。特別是年紀越大的人，思考、總結越需要時間，所以，千萬不要著急，到對話者的下一句話出現為止，請耐心等待吧！

③ 意思（決定）能力（譯註：我國民法的用語，係「意思能力」）

所謂的「意思決定能力」，或許可以參考同意為治療之意思表示，即「醫療同意能力」。

何謂醫療同意能力，如圖 2-2 所示，應該考量：①理解、②認識、③邏輯性思考、④表明自己的選擇等四種能力。醫療同意能力，必須保有以上四項要素，若其中有一項欠缺，就應該認定為不具備完全的醫療同意能力。

進行金融商品買賣、金融交易等經濟活動，需要具備意思決定能力，亦即，需要參考上述的醫療同意能力，考慮上開各項因素，尤其是在進行風險性高的金融商品交易時，更必須確認上述的每一項要件。

---

❶理解：理解金融商品、金融交易的特性、優劣、好壞處等之程度高低。為了確認長輩本人對於金融商品、交易理解的程度高低，首先，應該請長輩本人以自己的言詞說明業務員向其解釋的資訊內容。

❷認識：針對業務員所傳達的資訊，長輩是否能夠認知到這是我自己的事情，而非他人的。「理解」，是指用自己的頭腦來瞭解，「認識」是就對方說明的內容，能夠以自己本人的狀況來加以理解。「理解」之後持續地提問，才能夠確認長輩是否真的有所「認識」。

❸邏輯的思考：經過理解及認識的過程，根據各項資料進行邏輯的思考，比較各種選項，以判斷自己該怎麼做選擇。簽約、不簽約、或是選擇其他契約等，務必要向本人確認其做出該項選擇的根據。

❹選擇的表明：經歷過各項說明及討論，最後，要向長輩本人確認「想要怎麼做」，長輩所傳達的必須是毫不動搖的選擇、是自己的意思。即使是言語障礙、難以表達之人，也可以透過書面的形式、點頭、指出問題等而確認其本人的意思。因此，務必要將本人的狀況列入考慮，而讓本人藉由其最容易方式來表達其選擇。

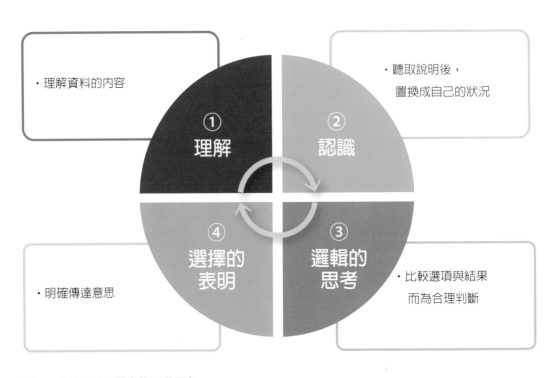

圖 2-2 ●意思決定能力的四項要素

4 對於失智者，金融機構應注意之要點

1 記憶障礙者為金融交易時的特徵

- 忘記密碼
- 忘記在提款單上寫日期
- 忘記或遺失寫過的文件

2 執行功能障礙者為金融交易時的特徵

- 無法操作 ATM
- 不知道如何填寫提款單
- 不知道如何遞送寫好的文件

→ 失智症初期的症狀有：因為遺忘，所以反覆詢問日期、反覆詢問同樣的問題等（記憶障礙）、原本能夠做的事變成不能做（執行功能）。當出現這些連自己恐怕都無法察覺的變化時，罹患失智症的可能性是很高的。

→ 之前是如何使用 ATM 的？瞭解長輩從以前迄今的各項變化也是非常重要的。以前一個人可以操作 ATM，但認知能力下降後，很有可能無法進行這麼複雜的操作。若出現上述 **1 2** 的症狀，事實上，在無法正確填載提款單日期之前，可能就已經罹患有失智症了，現在則更應該考慮是否會有定向感、記憶障礙等。

→ 最容易遭到不良商業行為詐騙的是失智症初期的長輩，因此，早期介入保護是非常重要的。金融機構若發現長輩有上述徵兆，應該儘早與失智者的家人、利害關係人分享這些情況。可以的話，儘快與醫療機關聯繫，才能夠預防失智者因詐欺被害所致損失，並就今後的照護方式擬定對策。

⑤ 金融機構與公務機關聯繫窗口的互助合作

銀行如果曾經去過該地區的「地區整合照顧中心」拜訪並打招呼，當銀行內出現可能罹患失智症的長輩所造成的困擾時，就能夠立刻聯繫該中心，該中心的工作人員接獲通知後，也會立刻趕來協助處理，之後，則會將處理的經過、報告等資料提供給銀行參考。

除此之外，該中心所舉辦的「地區關懷會議」，不僅有行政機關、地區相關的人員參加，銀行也會派職員來參加，彼此共同分享、協商該地區所遭遇到的困難，地區整合支持中心成為十分重要的社會資源，而能夠予以活用。

實際上，對於在各地區紮根的金融機構而言，地區整合照顧中心不僅能夠協助銀行的人員改善與顧客間的應對，還可以幫忙建構更好的信賴關係。例如：「現在，有位臨櫃領錢的顧客造成了銀行的麻煩。他可能是忘記自己有領錢，竟懷疑銀行櫃檯的承辦人員盜領，這種情形該怎麼辦才好？」這樣的案例，透過彼此互相討論，以尋求較好的解決方法。

像這樣由金融機構提出問題、與區域整合支持中心的人員互相討論、共同尋求解決方式等的措施，一方面要考慮個人資料保護的高牆壁壘，另一方面，也必須尋找金融機構對於客戶最好的應對方式以及鍾愛該區域的表現方法。

以上這些措施，同時要達到減輕接待失智症長輩的銀行臨櫃人員的負擔，增進業務推展效率的目標。

這些措施在剛開始推動時，可謂障礙重重，不論是時間、人物、場所、互相合作等，都可能無法順利進行。然而，一一克服這些障礙，實現金融機構與地區整合支持中心的互相合作時，能夠獲得多出好幾倍的成果。實際的績效包括：充實應對顧客的能力、提高業務效率，進一步提高地區對於金融機構的信賴、提升各項業績、增進職員的積極性等。

讓各行各業的專業人士一同分擔職責，共同支持居住在該地區的人們，專家必須知道自己的界限，將不屬於自己專業的事務委託給其他領域的專家，彼此攜手合作絕對是不可或缺的！這也是專業人士應有的姿態。這些措施，乍看之下，好像是繞遠路，但實際上卻是走近路。

譯註：日本厚生勞動省根據介護保險法，在市町村各地所設置，負責處理地區的**醫療**、**保健**、保險、看護、虐待防止等事項，「包括」意指整合、綜合，或可稱為「社區整體照護」，本文翻譯則稱為「地區整合照顧中心」

別讓樂齡變成「樂需」！
如何照顧失智者的荷包，金融人員的必修照護課

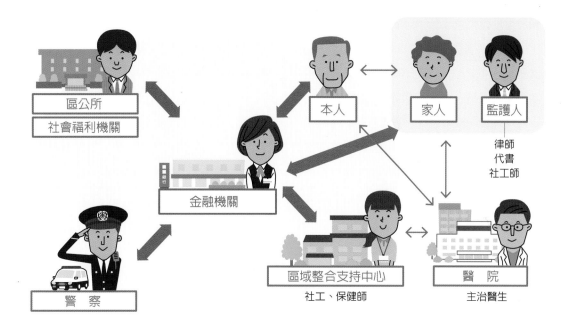

```
區公所
社會福利機關

金融機關

警　察

本人 ←→ 家人　　監護人
                律師
                代書
                社工師

區域整合支持中心
社工、保健師

醫　院
主治醫生
```

「地域包括照顧セン夕（ちいきほうかつしえんセンター）（地區整合照顧中心）」

　　「地域包括照顧セン夕（ちいきほうかつしえんセンター）（地區整合照顧中心）」是由市町村（譯註：日本的地方自治機關，相當於臺灣的縣市鄉鎮）各自設置的機關（介護保險法第 115 條之 46 第 2 項）。

　　各地區的中心，配置有保健師、社會工作師、主任護理師、護理師等，藉由專業合作，承擔各項預防、看護等工作，並提供必要的援助，以維護在該地區生活之人的健康及生活之安定。主要的業務是照顧、看護、照顧、預防、整合性的照顧業務（①長期照護管理業務、②整合諮詢照顧業務、③權利維護業務、④綜合性、持續性護理管理照顧業務）

●地區整合支持中心所承擔的業務：

①看護預防護理管理（介護保險法第 115 條之 45 第 1 項第 1 款）
　　擬訂看護預防計畫。

②整合諮詢照顧（同條第 2 項第 1 款）
　　廣泛接受居民的各種諮詢、實施跨制度的照顧。

③權利維護業務（同條第 2 項第 2 款）
　　促進成年後見（譯註：即我國民法所定之「監護宣告制度」）制度之活用，防止老年人虐待。

④全面、持續的護理管理（同條第 2 項第 3 款）
　　透過「地區護理會議」，照顧獨立的照護、護理、管理機構、對日常護理為個

別指導、諮詢、照顧困難的案例，並進行指導和建議。

● 利用地區整合照顧中心的績效

對於有看護必要的高齡者，以「一站式諮詢」的方式，進行長期照護諮詢。在地區整合支持中心，保健師、社會工作師、主任護理師、護理師等，發揮各自的專業，建立團隊合作的體制，共同解決問題。正因為活用各種專業領域的人才，需要看護的長輩或家人，才能夠得到最適切的建議和支持。

另外，地區整合照顧中心的工作還包含早期防止、處理老人虐待。各專業人士均負責接受地區內長輩遭到虐待、權利保護的諮詢、通報等工作，並藉由與律師、警察的通力合作，及早預防不當的老人虐待。

為了讓高齡者能夠安心的生活，一定要積極的活用長期照護服務，並與地區專業人士攜手合作。

專欄

金融機構最常見困擾的問題，「說了很多次，仍然無法理解」

金融機構的臨櫃人員最感到困擾的是以下何者？（複選）

第一名　就所詢事項答覆很多次，仍然無法理解（92.4％）
第二名　存摺遺失（88.1％）
第三名　存款遭盜領（87.7％）
第四名　說明途中，突然發怒之情緒不穩定（84.3％）

順位或許不太一樣，但你的金融機構有類似的困擾嗎？

第一名的「就所詢事項答覆很多次仍然無法理解」的應對方式，請參考「現在立刻活用！案例學習」（P.35）及「金融機構困擾的事，面對面編」的第二個案例「打了許多次對話的應對」（P.69）。此外，第四名的「說明途中，突然發怒之情緒不穩定」之應對，請參考「金融機構困擾的事，面對面編」的案例三「指控存款遭到盜領」（P.72）。

別讓樂齡變成「樂零」！
如何照顧失智者的荷包，金融人員的必修照護課

3

現在立刻活用！
案例學習

	關注的重點	金融機構

　　長年相伴的先生約於十年前過世，住在銀行附近、高齡約 80 歲的 A 女士，目前是一人獨居的狀態。她為了提領老人年金及支付瓦斯費、水電費等，定期會到銀行。A 女士並未申請使用提款卡，一直以來都是拿著存摺、印鑑章至櫃檯辦理。

　　大約從幾年前開始，A 女士會誤載提款單上的日期、帳號等，之後，經過臨櫃行員親切仔細地說明後，並無再出現其他的問題。然而，最近，當臨櫃行員向 A 女士說明時，A 女士經常會反覆詢問相同的問題。

●拙於操作 ATM
●日期有誤，可能是辨識障礙

A 女士：（懷著不安來到銀行）「不好意思，我遺失了存摺，可以幫忙補發存摺嗎？」

X 行員：（已經是第五次遺失了….）「這樣真是糟糕，A 女士，事實上，這已經是您第五次申請補發，是否回家再仔細找找呢？」

A 女士：「沒有這回事。我這是第一次遺失，麻煩請補發。……也許是被偷走了。」

X 行員：「能否說明得更詳細一點？」

A 女士：「ㄟ……。想知道如何，嗯……。」（不確定的回答）

●行員之應對
●告知五度遺失，並建議回家再尋找

●不記得之前遺失過
●明明是自己忘記了，卻認為是他人的錯
●無法明確回答問題

●詢問詳細的狀況

　　結果當天銀行並未補發存摺，A 女士就直接回家了。

　　X 行員將此事向上司報告，並與上司討論，上司隨即向總行報告。另外，其他分行也將類似的案例彙整向總行報告。

　　對此類案例，總行要求：「首先，①關心本人的情緒、認真仔細的詢問，建立起彼此的信賴關係，接著，②獲得本人的同意後，與其家人聯繫，如果向本人或家人詢問到諮詢的窗口，再將相關資料交給諮詢人員」。X 行員回顧了自己過去與 A 女士間的應對方式，當下次 A 女士再度前來時，X 行員希望試著以更

●X 行員向上司報告、商談
●上司向總行報告

貼近 A 女士心情的方式來接待、處理。

【事件之後】

　　根據此次的事件,為 A 女士下次來銀行預作準備,銀行應該事先在各分行內分享事件的資訊,並擬訂應對策略。例如:①可能的話,下次仍由 X 行員處理(由同一個人接待,更能提高 A 女士的安心感)、②但若 A 女士選擇在業務很繁忙的時間前來,可能無法由 X 行員接待,而必須由其他行員來接待,為了讓銀行內的工作人員都可以順利接待 A 女士,在顧客資料上特別註記「A 女士疑似罹患失智症,需要特別注意應對」,③請上司一同參與。

　　幾天之後,A 女士再度來到銀行,存摺、印鑑章再度遺失。

A 女士:「我的存摺、印鑑章遺失了,麻煩請補發,最近,不知道的事情似乎變多了⋯該怎麼辦呢?⋯⋯」(露出不安的表情)

X 行員:「似乎有點棘手呢,請慢慢地說,如果方便的話,請到比較安靜的這邊來,請移駕過來。」(引導 A 女士至比較明亮的客席區,並確認其狀況)

A 女士:「嗯!謝謝!好親切啊!」

X 行員:「A 女士,您似乎有各種棘手的事。我儘可能地協助您處理,沒關係,誰都有困難而需要協助的時候,我從以前就深受 A 女士的照顧,有機會的話,希望能拜訪您的家人呢!」

A 女士:「我也深受您的照顧,方便的話,可以聯絡我兒子。」(獲得了本人的同意)

X 行員:(向上司報告,並在女士面前打電話聯繫其子)「您好,這裡是 C 銀行,一直以來深受您母親 A 女士的照顧,今日特別打電話與您聯繫,並向您報告,您

A 女士的狀況

- 在 A 女士下次到銀行之前,先做好準備
- 消除對方的焦慮

- 往能夠安心談話的地方
- 建立信賴
- 營造這是一般人都會有的困擾,並非個人獨有的安心感
- 由更多人來確認,藉以提高掌握狀況、確認意思的客觀性

- 得到本人同意後,與其家人聯繫並報告狀況

- 安靜、容易談話的氛圍,令人感到安心
- 一點一點地說出感到困擾的事情

- 同意聯繫家人

	A 女士的狀況	金融機構
母親目前在我們銀行這裡,實際上,她已經五度遺失存摺及印鑑章,多次補發了。」 兒子:「這真是太抱歉了,謝謝。很擔心她總是忘東忘西。若有發生什麼事,麻煩請再與我聯繫。」 X 行員:「謝謝,會遵囑辦理,如果可以的話,我們可以介紹能夠協助長輩的公務機關諮詢窗口給您。」 兒子:「大有助益,麻煩了。」	●接受地區整合照顧中心之介紹	●瞭解今後可以合作、依賴的對象 ●介紹高齡者諮商的公務機關窗口,協助創造照顧合作的契機

金融機構應對方式的重點

初期的應對

> A 女士:自己所想的、覺得困擾的事情,可以跟家人及金融機構關說明
>
> 金融機構:整理出 A 女士能夠安心談話的環境

- 首先,要先調整環境(安靜的場所、沒有壓迫感的座位、適度的照明、親切的工作人員、對 A 女士而言適當的、自在的言詞、溫潤的茶、笑容等)

- 創造容易談話的氛圍,獲得 A 女士的信賴感,認可這是能夠安心吐露困擾的場所。談話時,首先要向 A 女士取得提供資訊給家人、照顧者的同意與諒解。

- A 女士的言詞、舉動,例如「存摺及印鑑反覆遺失,那是什麼時候開始的,間隔大約多久,間隔是慢慢變短的嗎?有不安、焦慮感?如果是暴露在大聲喧嘩、吵鬧的環境,有緊急處理的必要嗎?什麼樣的音量能夠讓 A 女士平靜下來?反之,這些狀態是隨時波動、改變的嗎?」對此,金融機構必須一一加以記錄,並準備向家人、照顧者提供必要的資訊。

- 金融機構發現 A 女士有金錢方面的困擾,根據必要性,獲得 A 女士的同意,達成將困擾告知家人、照顧者的目標。

中期、長期應對：與地區、相關公務部門的合作

> A女士：家人、金融機構、照顧者一起合作，提供 A 女士生活上所必要的醫療、社會福利、看護、財產管理等服務，讓 A 女士能夠繼續進行適切的經濟活動。
>
> 金融機構：與 A 女士的家人、照顧者聯繫，說明其狀況，整合上述的各項內容，進一步協助 A 女士及家人與醫療、照顧等體系相互連結。

- 金融機構內部必須先統一對於 A 女士的應對方式，不論接待 A 女士的是哪一位行員，都要有能力應對、整合、協助，並向 A 女士的家人及照顧者進行必要的報告。
- 著眼於金融機構在地區的功能，不僅是金融機構本身，還要協助結合失智症長輩的家人和照顧者，一同成為長輩本人的支持者，這樣做的同時，也會減輕金融機構的負擔（應對時間、次數等），對彼此來說都締造雙贏的效果。

與地區整合照顧中心及專業人員合作

　　有些金融機構，會派員前往各分行所在地的地區整合照顧中心，積極地與社會福利相關人員進行合作。如果平時就展開合作，不僅對於接待判斷能力不足的客戶有所幫助，對於銀行內有其他協助需求的客戶，也會懷抱著社會福利的意識，從而提高顧客服務水準。

　　此外，亦有些金融機構會與充分理解高齡者、身心障礙者等問題之律師、代書（譯註：「司法書士」是日本的準司法人員，必須通過法務省舉行的司法考試，主要工作在於為客戶進行商業註冊、房地產登記、準備司法訴訟檔案以及任職於法律事務所，臺灣目前無此項考試及職務）等法律專業人員及社會福利的專業人員即社會工作師合作，研究應對顧客的方式，並基於顧客的需求，為客戶介紹值得信賴的法律人。

地區整合照顧中心的生活扶助

　　上面的例子，首先，必須先掌握一人獨居的 A 女士的生活狀況及其所必要的生活上之協助。

　　什麼時候可能會有什麼樣的困難？需要什麼樣的照顧？當然，也會聽取 A 女士本人的意見，一起思考應該為 A 女士提供哪些必要的照顧。

　　金融機構與地區整合照顧中心聯繫後，該中心的負責人員會前往 A 女士住處探訪，確認其生活環境。A 女士的家人、居住附近的鄰居、地區整合照顧中心的諮詢員等人，以 A 女士的家人為中心，共同合作，一起成為 A 女士生活的守護員。地區整合照顧中心協助 A 女士申請介護保險（譯註：日本的介護保險制度，將居住在日本的 40 歲以上者，包括外國

人納為對象，65 歲以上為第一被保險者，40～65 歲為第二被保險者。服務內容有兩種，一是居家護理，二是設施護理，在臺灣類似的，係長照保險），以利用介紹保險所提供的服務。另外，如果是不適用介護保險但需要其他照顧、幫忙的狀況，也能成為「看護預防、日常生活照顧綜合事業」提供協助的對象，而充分利用地區照顧事業。亦即，根據各種不同的類型，將本人與生活照顧互相連結。

除此之外，關於金錢管理，可以考慮利用社會福祉協議會（しゃかいふくしきょうぎかい，譯註：根據社會福祉法，在日本全國、都道府縣、特別區、政令指定都市、市町村等組織的民間社團）之日常生活自立照顧事業，簽訂有償契約，由社會福祉協議會代為處理介護、社會福利服務、代為保管存摺及證書、提領每日所需的生活資金等事務，或者利用家事法院選任後見人（監護人、法定代理人）之成年後見制度。（譯註：日本的成年後見制度，與我國民法所定之監護宣告制度相類似，日常生活自立照顧事業則限於與認知能力雖不十分充足但尚可辨識契約內容的失智者、身心障礙者簽訂契約，委託社會福利團體代為保管存摺、證書，代為領取生活必要資金或代為申請看護服務等）

將資訊提供給各市町村所設置的福祉事務所（ふくしじむしょ，譯註：日本根據社會福祉法第 14 條所設立之地方公共團體，負責生活保護法、兒童福祉法、身體殘障者福祉法、精神薄弱者福祉法、老人福祉法、母子及寡婦福祉法等福利六法之社會福祉行政機關，對推動社會福利工作，扮演極重要之角色）及地區整合照顧中心的窗口。

為了讓 A 女士能夠在該地區安心的生活，金融機構應該與 A 女士、家人商談，介紹上述制度，提供上述制度的聯絡窗口等資訊。

▨ 今後希望達成的目標

A 女士：接受幫助，能夠安心利用其所熟悉的金融機構。此外，接受生活上所必要的醫療服務，持續維持興趣、嗜好而快樂的生活。

金融機構：適切地維護 A 女士的財產管理、經濟活動，當出現任何值得注意的、與平常顯然不同的金錢流動以及有奇怪的人跟 A 女士一同出入銀行時，立刻聯繫家人，而與家人、照顧者密切合作。

家人：A 女士的理解力、判斷力逐漸降低，已經無法依靠自己一人管理財產，為了守護 A 女士的生活、資產，讓 A 女士能夠安心生活，有必要力勸其利用日常生活自立輔助或成年後見制度。

各領域的負責人互相合作，在最適當的時間，完成自己的責任。

醫師的建言

正如同反覆補發存摺所代表的，罹患失智者，因為記憶障礙，會重複多次辦理手續，但如果直接指出這一點，不僅會傷害其自尊心，也會因為失智者無法控制情緒，而感到非常生氣。失智者沒有意識到自己忘了東西，無法好好管理重要的金錢，因此感到不安的人也很多。首先，需要緩和這種不安情緒的對策，金融機構應該理解失智者在每次重複辦理時，都以為自己這回是第一次來，再提出處理對策。

此外，縱使無法理解對方所說明的內容，但為了不讓對方知道自己根本無法理解，也會故意回答「是」，屬於阿茲海默型失智症者常見的反應。因此，考慮契約是否具備合理性，有必要先確認本人對於契約內容的理解程度。即使是罹患失智症者，藉由簡單易懂的說明方式加以解釋，也能充分理解較為淺顯的內容，所以，想辦法說明俾便失智症者理解是非常重要的。

雖說是失智症，但並非一切的金融交易均無法進行。假如是單純、低風險的金融交易，即使是失智者，也依舊能夠毫無問題的進行。判斷失智者是否具備金融商品買賣、金融交易的意思決定能力，需要考慮很多因素，包含：金融商品介紹說明的複雜程度、交易風險高低、本人迄今為止的交易經驗等，很難以天秤來衡量這些問題，不過，這些標準至少能夠說明失智者本人對於交易內容（包含優點、缺點）理解至何程度、為什麼做這樣的選擇、做這項選擇的理由等。（參考 P.29 的 3. 意思（決定）能力、P88 的 1 進行風險性商品買賣的場合）

但是，失智症進展至中度時，除了聽取本人的意願，有必要時，需請家人或第三人協助確認本人的想法或意見。

社會福利、護理人員的建言

金融機構一開始處理失智者的事務時，若是涉及到生命、身體、財產的緊急狀況，且符合個人資料保護的例外規定，應該與具有組織性的機關（地區整合照顧中心、福祉事務所等）或其家人聯繫。

特別是在疑似有經濟虐待、匯款詐欺等情況，更有迅速應對、處理的必要。（參考 P.47「現在開始活用！案例學習 2」、P.57「現在開始活用！案例學習 3」）

另外，出現竊盜被害妄想的情況，（參考 P.66「金融機構的困擾（對面編）案例 3」），值得注意的是，因為家人及金融機構的職員都成為失智者懷疑的對象，如果一起尋找並找到了，失智者很有可能會認為是「到現在為止，一直故意隱藏，等到這個時候才出現，並假裝找到了」。因此，舉例來說，在接待室，銀行職員已經看到放在袋子裡面的存摺，也不要告訴失智者本人，只要提醒失智者試著在袋子裡找找，而讓本人能夠找到。

金融機構的各位，與高齡的失智者，是從以前其身體健康的時候，就開始有交易往來，更應該及早發現並意識到「○○先生／女士，以前沒有發生過這樣的事，現在好像怪怪的」等與健康時期大有不同的狀態。

也希望金融機構的各位，在發現與健康情形有所不同之後，將上述重要的資訊告知失智者的家人、地區整合照顧中心、福祉事務所等，共同承擔起開始照顧失智者的工作。

法律人的建言

如同 A 女士一般判斷能力有相當程度的下降，而有保護其財產之必要，應該考慮採取與 X 行員相同的對策，先取得失智者本人的同意後，再與其家人聯繫。

如果無法聯繫上其家人，亦可以取得失智者本人之同意，而與公務機關，例如：地區整合照顧中心等聯繫，並說明失智者的姓名、性別、住所、年齡、本人的模樣等資訊。

所謂聯繫，意味著將 A 女士的個人資料提供予第三人，依據個人資料保護法及金融領域之個人資料保護等規定，必須要先獲得 A 女士的同意，才能夠提供其個人資訊。

雖然，如同 A 女士一般，已經多次遺失存摺的年長者，可能根本無法充分理解個人資訊的意義，金融機構的人員可能也會很苦惱如何判斷是否已經獲得 A 女士的同意，甚至，難以取得本人同意的情況也很多。這種情況下，希望可以不要受限於個人資料保護法及上述金融領域規定的嚴

格形式，只要得到 A 先生／女士同意，並將獲其同意的事實予以記錄，即得與其家人及地區整合照顧中心聯繫。

此外，在如同 A 女士一般，判斷能力已經有相當程度下降之虞，失智者本人與家人在與公務機關（例如：地區整合照顧中心）的諮詢窗口聯繫並洽談後，可以考慮是否利用：①社會福祉協議會之日常生活自立照顧事業，及②成年後見制度。

● 失智者的金融交易

也許有人會認為失智者根本無法進行任何的金融交易，但做出這樣的結論，實在是太快了。實際上，失智者持續一人獨居並進行金融交易者很多。

因此，有需要從法律層面，為失智症者考慮提領儲蓄存款的方法。

例如：罹患失智症而利用成年後見制度者，有管理、處分自己的財產時，需要補助人協助的「補助類型」的人，補助人對本人所為的管理、處分自己財產的法律行為，有同意、撤銷、代理等權利。另一方面，其他的法律行為則可以單獨為之。

另外，即使是無法管理、處分自己財產的「後見類型」的人，就其所為日常生活行為，例如：購買食品、衣服、雜貨等日常用品、支付水電瓦斯費、提領支付以上這些必要費用的存款等，監護人是不能任意撤銷、解除或主張無效的，日常生活的必要費用，必須根據失智者本人不同的生活狀況而分別考慮，並允許失智者本人可以從存款中提領必要費用。在處理失智者財產問題時，必須要同時考慮保護本人、尊重本人自己的決定以及交易的安全等觀點。

這樣，即使本人罹患失智症，隨著失智症進程而選擇利用「成年後見制度」，且後見人（法定代理人）亦已經就任，在各項應對上，也仍然必須尊重本人的決定。

譯註：根據我國個人資料保護法之規定，若要在特定目的以外，使用個人資料，必須符合：法律明文規定、公共利益所必要、免除本人之生命、身體、自由或財產上之危險、防止他人權益之重大危害、公務機關或學術研究機構基於公共利益為統計或學術研究而有必要，且資料經過提供者處理後或經蒐集者依其揭露方式無從識別特定之當事人、經本人同意、有利於本人權益等要件。

日本的「成年後見制度」，依據本人識別、判斷、行為及意思能力之高低，設有補助、保佐及後見三種，我國則設有輔助及監護宣告兩種，失智者之家屬、利害關係人或檢察官，得向法院聲請輔助或監護宣告，法院囑託醫院鑑定後，若經法院裁定為受輔助人，其所為的法律行為，必須經過輔助人的事前同意或事後追認，始發生效力，至於受監護人，則其法律行為應由監護人代理、代行，始有效力。

● 日常生活自立照顧事業

「日常生活自立照顧事業」，為了協助因為罹患失智症、智力障礙、精神障礙等以致判斷能力有所不足之人，能夠獨立生活，而與社會福祉協議會簽訂契約，由社會福祉協議會或其所委託之機構，協助本人辦理申請社會福利服務、援助、租賃房屋、日常生活上的消費契約、以及申請住民票等手續。因為必須根據本人與社會福祉協議會所簽訂之契約而辦理各項手續，假如本人無法理解契約的內容，就只能考慮利用成年後見制度。

● 成年後見制度

因為失智症、智力障礙、精神障礙等導致判斷能力不足之人，難以處理訂立不動產、存款等財產管理、看護服務、入住設施等契約、或需要為遺產分割協議等，縱使對自己不利益，也有可能會締結契約，而有受到不良商業手段詐欺之虞。對於這種判斷能力顯然不足之人的保護，為了協助其處理，即為成年後見制度。

成年後見制度，有法定後見及任意後見兩種。

成年後見制度，分為「成年後見」、「保佐」、「補助」三種，依據個人的判斷能力以及能夠處理自己事情的程度而有所分別。成年後見的情形，後見人是本人的代理人，負責本人的保護、照顧；保佐及補助的情形。原則上，對於本人所做的法律行為，保佐人及補助人有同意的權限，不同意且有保護本人的必要之法律行為，保佐人及補助人有撤銷該法律行為的權利。

任意後見制度，是在本人還有充分的判斷能力時，考慮未來可能有判斷能力不足之虞，自己先選定代理人（任意後見人），與之簽訂賦予本人的生活、護養療治、財產管理等事物的代理權之契約（任意後見契約），再由公證人作成公證書。這樣，在本人的判斷能力低下之後，家事裁判所（即家事法院）得選任「任意後見監督人」，就任意後見契約所約定的事物，監督任意後見人，以確認本人的權利是否受到為適切之保護、照顧。

譯註：我國民法於 108 年 6 月 19 日新增第 1113-2 條至第 1113-10 條有關成年人之「意定監護」制度，在本人意思清楚時，與自己選定的受任人，以契約方式預先指定監護人。未來，本人如果有因精神障礙或其他心智缺陷，致不能為意思表示或受意思表示，或不能辨識其意思表示之效果之情形時，法院即可裁定由本人選定之人擔任監護人。「意定監護」與日本「任意後見」相似，然日本設有「任意後見監督」，以監督「任意後見人」的行為是否有利、無損於本人的權益，我國目前則尚無此項監督制度。

表 3-1 ●日常生活自立照顧事業及成年後見制度的比較

	日常生活自立照顧事業	成年後見制度
概　要	● 在日常生活援助的範圍內，予以協助	● 後見人代理財產管理、身體監護等法律行為，或者同意本人之行為，平衡本人意思之尊重及保護
主管機關	● 厚生勞動省	● 法務省
適用對象	● 對於日常生活感到不安的人	● 判斷能力低下的人
諮詢窗口	● 社會福祉協議會、地區整合照顧中心	● 律師、代書、社會工作師、家事法院、地區整合照顧中心等
申請生效	● 本人與社會福祉協議會簽約	● 本人或家人等向家事法院提出聲請 • 任意後見契約，係經公證的契約，判斷能力低下後，向家事法院聲請選任監護人後生效
照顧內容	● 諮商事業 • 生活諮商、法律諮商 ● 福利服務的利用援助 ● 財產保全服務 • 存摺、證書的保管 ● 金錢管理服務 • 款項的存、提領 • 支付公共費用、福利設施的利用費用	● 代理權、同意權、撤銷權 • 關於財產之法律行為（日常的法律行為可以由本人處理） • 賦予保佐、補助代理權，但原則上也需要本人的同意 ・入住設施、治療、住院契約 ・買賣不動產或重要的財產 ・遺產分割協議 • 撤銷買賣詐欺
負責之人	● 負責之人 （生活照顧人員、自立生活照顧專門人員）	● 家事法院選任之成年後見人、保佐人、補助人 ● 基於任意後見契約之任意後見人 ● 實際的負責人是家人、律師、代書、社會工作師等專門人員、社會福祉協議會的法人、市民等
費　用	● 1 小時 1,000 元（日幣）、之後是 30 分鐘 500 元（日幣） 生活保護者免費，存摺等的保管，250 元（日幣）／每月 ※ 以上是標準，金額根據各自治體而有差異 ● 向生活保障領取戶派遣生活照顧員的薪水，國庫補助對象經費	● 後見人的報酬係由家事法院決定 ● 任意後見的情形，是契約約定 ● 關於後見事物的費用、成年後見人、監督人的報酬，均由本人財產支出 ● 對於生活窮困者，成年後見制度利用由，照顧事業協助
監督機關	● 都道府縣社會福祉協議會 ● 運營適正化委員會	● 家事法院 ● 後見監督人、任意後見監督人
其　他	● 費用約 50 萬元 ※ 以上是標準，金額根據各自治體而有差異	● 後見、保佐的情形，會失去公司董事、公務員、醫師、律師等的資格 ● 補助、任意後見的情形，沒有權利及資格的限制

「帳號 –5」的苦惱

成年後見人就任之後，確認本人的存摺時，存摺的帳號的末尾記載「-3」。如同所知，這是反覆補發存摺的證明，其中也有「-5」的記載。

從這樣的數字來看，為何重複補發這麼多次？而負責補發手續的銀行承辦人員應該有看過本人的樣子，卻沒有主動考慮跟行政、福利等機關合作，實在很令人惋惜。

如果早點展開合作，直接聽到失智者本人的聲音，也許能夠提供符合其本人需求的生活照顧，然而，事到如今，根本無法聽到本人真實的聲音。

身為後見人，當然也期待能夠與本人相互為意見交流，因此，期待金融機構的各位，在發現有異之後，儘快作出反應、聯繫行政、福利等機關而積極合作。

經濟的虐待

	關注的重點	金融機構

一人獨居的 B 先生（80 歲），依賴領取年金及生活保護費維生。B 先生的獨生女 C 小姐（40 歲）與先生、四個小孩則住在鄰近的都市。B 先生有符合該年齡的健忘症狀、腰腿疼痛等，被認定需要利用看護保險。

每次到了領取年金及生活保護費的日子，走路不穩的 B 先生，總是由女兒 C 小姐陪伴，從銀行帳戶內提領款項。

●一個人來銀行有困難

Y 行員很仔細的觀察 B 先生的樣子，發現有點怪怪的。B 先生的表情很生硬，比起以前更削瘦。好似沒有沐浴一般，頭髮凌亂且身體微臭，Y 行員於是大膽上前詢問 B 先生。

●表情、體型、身體模樣有變化

●Y 行員發現異常
●主動詢問，確認狀況

Y 行員：「B 先生，早安，有什麼需要協助嗎？」
B 先生：「謝謝，一切都好。」
Y 行員：「這樣啊！看起來似乎有點疲憊，方便的話，稍微休息一下吧！」（指著沙發）
C 小姐：（突然插話）「不用了，我們有點急，已經要回家了。」

●B 先生能否回答
●本意不明

●以言語「看起來好像很累」傳達擔憂
●督促休息
●避免介入

●女兒代答
●阻止與 B 先生的接觸

C 小姐急著要 B 先生起身離開銀行。

Y 行員立刻與上司商談，確認存摺的交易明細。過去定期如數支付的租金、瓦斯費、電話費、介護保險費用等，竟因為存款餘額不足致無法支付，因此，認為 B 先生受到經濟虐待的可能性非常高。

上司隨即向總行彙報，認定 B 先生受有經濟虐待的可能性很高，應該考慮緊急的狀況，在與總行討論之後，立刻聯繫 B 先生所居住地方的地區整合照顧中心。

●察覺並向上司報告、討論
●從交易明細確認事實
●向總行報告

●生命線中斷
●有經濟虐待之虞，指示向地區整合照顧中心通報並聯繫

●確認情況

●符合防止老人虐待個人資料保護法之例外規定

【之後】

　　地區整合照顧中心從銀行收到 B 先生有遭到經濟虐待之虞的報告。地區整合照顧中心負責該案的 R 打電話至 B 先生家中，但電話已經被停話了。承辦人趕緊到 B 先生家中拜訪並確認狀況。B 先生以「因為沒有錢，所以無法支付電話費」。繼續探詢無法支付的理由，B 先生說「女兒夫婦兩人因為生病無法工作，經濟非常困難，連暖氣費都無法支付，孫子很可憐，自己既然還過得去，就幫忙支付」，毫無笑容且表情十分疲憊。

　　承辦人 R 進入屋內瞭解 B 先生的生活狀況，發現冰箱內沒有任何食物。冬天若不開暖氣，屋內會非常冷。「生活保護金是為了守護 B 先生最低限度的生活而支給的金額，若持續這樣，身體將會損壞。C 小姐的家庭經濟若遇上困難，應該向 C 小姐所居住的地方的社會福利諮詢窗口洽商，針對 B 先生、C 小姐雙方家庭都能安心生活的方式一同協商」R 提案。

- ●確認食物不足、無法使用暖氣等狀況
- ●判斷連最低生活保障都不足

　　「實際上真的很困擾，但是一看到孫子與女兒的臉……。實在不想再麻煩其他人」B 先生身體發抖、小聲的說。

- ●吐露心情
- ●發出求助的信號

　　承辦人 R 回到地區整合照顧中心呈報調查結果並進行協議，綜合上開事實，以 B 先生受有經濟虐待、遺棄而向福祉事務所高齡照顧課為老人虐待之通報。

- ●向地區整合照顧中心為高齡者虐待的通報

　　每月的生活保護費匯入 B 先生的銀行帳戶內，C 小姐就拿 B 先生的銀行存摺提領，B 先生的生活因此變得非常困窘。B 先生居住地方的高齡照顧課及地區整合照顧中心召開會議，依據客觀的事實，綜合判斷，認定 B 先生生活困窘一事，確實係遭受到經濟虐待。對於 B 先生而言，其無法領取、使用日常生活所必要的金錢，導致高齡者的生活環境、身體、精神狀態逐

- ●從客觀的事實判定有經濟虐待、遺棄
- ●行政的照顧

- ●行員的注意使 B 先生獲得援助

漸惡化，確實屬於經濟的虐待及照顧者的遺棄。同時，為了停止並預防對於 B 先生的虐待，展開如何給予 B 先生經濟照顧的檢討。

金融機構應對方式的重點

初期的應對

B 先生：不需要考慮到女兒，能夠將自己的想法和煩惱，傳達給其他人（行員）。

金融機構：注意到 B 先生與過去的樣子大有不同，不要錯過這細微的線索。假設也許 B 先生正因為無法把自己的錢用在自己的生活上而感到困擾，立即向上司報告，再向總行彙報，經總行瞭解後，迅速擬定對策。期待金融機構意識到事情的重要性，由總行主導而預先制訂通報公務機關，以提供協助的流程。

中期、長期應對：地區、相關部門的合作

B 先生：回顧至今的生活，繼續這樣下去，真的很痛苦，為了尋求幫助，必須誠實地講述現在的狀況。父女都需要借助各種各樣的力量來重新健全家計，也需要有防止老人遭受虐待、支持家人等照顧者的法律。

金融機構：在可能的範圍內確，認客觀事實，並傳達資訊、情報給公務機關。僅專注在發現客觀的事實，像「過去，C 小姐是很好的人」、「B 先生有點討厭」這樣會影響事實認定的主觀想法，都應該加以控制、予以排除。

B 先生：獲得安心、安定的生活。金錢方面委託第三者管理或利用成年後見制度，平時生活需要使用的金錢，能夠放在自己的錢包裡，買想吃的東西，去想去的地方，享受自己的生活。此外，與 C 小姐再次構築良好的親子關係。

金融機構：注意客戶的表情、行為及外觀，若發現有異狀，立即與成年後見人聯絡。金融機構能夠協助 B 先生享有安定的經濟活動、協助金錢管理，將能夠成為承擔地方責任的社會重要資源。

C 小姐：金融機構雖然很難直接介入，但可以留意以下幾點。

中期、長期的展望：面對現狀，目標是經濟、精神、生活面的獨立。回顧自己的過去生活，考慮接受他人的意見。

今後的目標：獨立而不依賴 B 先生，不論是現在或將來，遇到任何事情都可以向公務機關的諮商窗口洽詢，在需要幫助時，能夠加以利用而獲取、維持安定生活。

 醫師的建言

虐待的過程中，有一些足以發現的跡象。以經濟虐待為例，若勸說失智者接受必要的治療、檢查及看護服務等，卻被家屬拒絕，就需要特別注意。如係身體虐待及疏於照顧，徵兆可能是定期回診的次數減少、沒有來拿藥，看診時的樣子（不乾淨、營養不良、貧血、瘀傷）等。疑似虐待的情況，在檢查之前，若能夠獲取相關訊息，邊檢查必要的事項邊診斷、確認，就真是大有助益。

社會福利、護理人員的建言

首先，請先理解即使無法詢問家屬，也可以先行通報。受到家庭暴力虐待者，對於自己受到虐待、施虐者為家人一事，感到可恥，會產生包庇或儘量不要增添他人麻煩的心態，很難說出自己心裡想說的話。將本人與家人隔離之後，再分別詢問，或許能聽到一些事實。但金融機構的各位，沒有強行詢問的必要，也不需要掌握或判定虐待之事實。只要有線索，足認失智者有遭受虐待之虞，就可以通報，通報的消息來源方會被隱藏，有無虐待則會由行政機關及地區整合照顧中心一起確認事實、綜合判斷。

所謂通報，是早期發現與平常有異的客觀事實，阻止狀況繼續惡化的重要契機。具體來說，早期發現失智者雖然有年金、生活保護費等定期收入，但公共費用、保險費、房租、設施利用費等卻處於滯納的狀況。這些是向公務機關通報的適切且必要的情報，也是防止惡性循環的重要時點。

基於上開資訊所為的通報，能夠救助高齡者的生命、身體、財產，幫助其回復安定的生活。

還有，請務必要知道，通報也可以成為阻止照顧者繼續施虐、給予其照顧的契機。家人絕對不會毫無原因的成為大惡人，肇致高齡者無法使用金錢，成為施虐者，可能是有不得不的理由（例如：工作慢慢減少、負債累累、成為保證人而背負債務等）始為金錢剝削。倒不如說，施虐者在心裡也許有不得不的痛苦想法。在這樣的情況下，家人間會害怕新的變化、害怕自己的行動遭到否定，內心的保護殼也會變得更強硬。然而，照顧者的另一項功能，在於保護家人的心靈，提供本人維持基礎生活的必要協助。為瞭解開家人間的心理屏障，可能的話，儘早通報並聯繫適當的照顧者是非常重要的。

來自家庭暴力的虐待，有時會迫切地危害本人的生命，生命一旦喪失，就永遠無法回復，本人與家人的親子關係即使一時惡化，卻還是可以修復。

發現有與平常不同、相異的客觀事實，在討論之後，請不要猶豫，及早通報。

法律人的建言

如同 B 先生一般,疑似受到 C 小姐的虐待,而認為有保護其生命、身體、財產之必要的情形,Y 行員立刻通報並聯繫地區整合照顧中心,是非常有意義的。行員有機會能夠與 B 先生談話,且獲得 B 先生同意,就可以將獲得 B 先生同意的事實予以記錄,隨即將 B 先生的狀況告知地區整合照顧中心。

但如果如同案例之情況,無法直接與 B 先生談話獲得其同意,又該怎麼辦呢?對於承辦的 Y 行員而言,未經同意,擅自聯繫地區整合照顧中心,從保護 B 先生個人資料的觀點,恐怕會有問題,若有違法之虞,Y 行員恐怕就不敢聯絡。

實際上,老人虐待防止法第 7 條第 1、2 項是明文規定,有這樣的情形,就必須要聯絡並通報予地區整合照顧中心。未獲本人同意而通報本人受虐的資訊,是個人資料保護法第 16 條第 3 項 1 款、第 17 條第 2 項 1 款、第 23 條第 1 項第 1 款所指「基於法令規定」的例外情況。

對於承辦的 Y 行員而言,即使事實上無法獲得 B 先生的同意,也能夠向第三者即地區整合照顧中心提供 B 先生個人的資訊。個人資料保護法及老人虐待防止法所規定的內容,後面的專欄「虐待的通報與個人資料保護」再加以說明。

此外,這樣的案例,因為符合個人資料保護法第 16 條第 3 項 1 款、第 17 條第 2 項 1 款、第 23 條第 1 項第 2 款「為了保護他人生命、身體或財產,難以獲得本人的同意時」之要件,縱使未獲得本人之同意,亦允許 Y 行員在知悉 B 先生的個人資訊後向第三人通報。

不過,對於臨櫃的行員,像這樣的情況到底是不是虐待?是否需要聯繫通報?可能會很猶豫。不要太過在意是否為虐待,僅需要記錄下與虐待相關的具體事情,再聯繫地區整合照顧中心並討論對策。

別讓樂齡變成「樂零」!
如何照顧失智者的荷包,金融人員的必修照護課

　　以下從①到④的例子，潛藏著虐待的可能性。活用本案例中，各專業人員所提供的建議，也來考慮一下對策吧。在本項目中，除了本案例以及以下的例子，結合在現場遇到的困難案例，今後，各位可以繼續思考、研修並探討對策。

①定存簽約者的兄弟與銀行聯繫，表示因為本人罹患有失智症，想要將定存解約，解約款則作為入住機構的費用，並預定支付費用。未來的繼承人也全部同意，今後的入住費用要從帳戶內扣除，和本人接受到宅看護係以自動轉帳契約支付公共費用一樣，需要簽訂帳戶轉帳契約。

②本人至銀行臨櫃打算提領現金，但沒有攜帶存摺及印鑑章。之後，銀行發現持有存摺及印鑑章的是家人，且要求銀行不可以付款給本人。本人和家人對於提款的意見是相反的。

③本人把手中的現金匯款給住在遠方的家人，但由於匯款，本人的生活無法維持，但本人也未停止匯款。

④失智者的金錢係由附近的友人管理，那位友人雖然是善意的第三人，但不具有金錢管理的權限，也沒有代行金錢管理的意識。負責的主任護理師意識到此危險，向地區整合照顧中心諮詢，勸說利用「成年後見制度」，但那位友人卻以失智者曾說「必要時，就麻煩你了」而予以拒絕。這樣的人來到銀行的櫃檯。

從防止虐待的觀點予以查核之項目

	項目	資料蒐集內容（例）	虐待發生風險（例）
本人的資訊	健康狀態	○ 疾患、傷病之有無、對此的診斷、治療、服藥情形 ○ 障礙的有無及狀態 ○ ADL、IADL 狀況	□ 身體、精神的疾病、障礙 □ 認知能力低下 □ 有需要治療的情況，但未能接受診斷 □ 看護量增加、過度護理
	溝通及不當的應對能力	○ 有無重聽、言語表現能力的狀態 ○ 理解力 ○ 生活意志的狀態（無力氣、無反應） ○ 言詞一貫 ○ 詢問養護者的臉色 ○ 有無尋求諮商或協助	□ 意思難以溝通 □ 失智症的發病 □ 無力狀態 □ 精神不穩定、判斷力下降 □ 過去開始的人際關係（權力關係、依賴關係、關係惡化、諮詢者不在）
	性格、性質	○ 特徵的性格、承諾有無	□ 性格偏差 □ 暴力、脅迫、依賴的傾向
	經濟狀況	○ 收支平衡 ○ 本人能夠使用的金額 ○ 金錢管理狀況 ○ 有無滯納、債務及其狀況	□ 收入及資產與實際上必要的醫療、生活、看護等服務的落差。不足夠或有金錢困擾 □ 沒有年金及存款的存摺、印鑑章 □ 看護保險費滯納、債務、浪費癖 □ 沒有採用公共的服務、補貼等手續
照顧者資訊	健康狀態	○ 老年的狀況 ○ 有無疾病、傷害、障礙，對此的診斷、治療、服藥情形	□ 老年的狀況 □ 有無疾病、傷害、障礙，對此的診斷、治療、服藥情形
	工作情況	○ 是否就業 ○ 就業型態、時間 ○ 工作環境	□ 因為沒有工作而沒有收入／社會的孤立 □ 收入不穩定 □ 因為勞動而產生身體、精神的負擔
	經濟狀況	○ 生活費的運用狀況 ○ 滯納、債務、投資的有無及狀況 ○ 興趣、愛好等的費用	□ 依賴本人的收入或存款 □ 保險費滯納、債務、買賣詐欺 □ 因為賭博、興趣而浪費財產、什麼是浪費癖？
	心理狀態	○ 對於本人的感情、關係 ○ 依賴狀況	□ 從過去到現在的關係當中，對於本人產生負面情感 □ 對賭博、酒精的依賴
	合於性格、性質、狀況的應對能力	○ 具有特徵的性格 ○ 與朋友、地區、照顧者的關係	□ 偏差性格 □ 暴力、脅迫、依賴的傾向
	看護負擔	○ 看護意願 ○ 疾病、障礙、失智症的認識 ○ 看護協助者、有無替代者 ○ 對於看護服務的理解	□ 看護意願低／強烈的執著心 □ 不理解高齡、障礙 □ 一個人生活／缺少商量者 □ 無法理解服務的必要性

根據 社團法人日本社會福祉士會（編），「市町村 · 地區整合照顧中心 · 都道府縣應對照護者虐待高齡者的指南」，中央法規出版（2011）所作

虐待的通報與個人資料保護

000-000-0000   call!

　　關於老人虐待的通報，老人虐待防止法與個人資料保護法有何關係呢？

　　老人虐待防止法課予發現虐待者通報的義務。亦即，發現虐待之人，必須通報市町村等公務機關。

　　根據老人虐待防止法第7條第1項，「發現遭照顧者虐待的老人，且該老人的生命、身體因此產生重大的危險，必須要立刻通報市町村當局」

　　此外，同法第7條第2項規定「前項規定以外的情形，發現老人遭照顧者虐待，也必須要盡力儘速通報市町村當局」，課予通報之協力義務。第2項跟第1項不同的，是對於老人有無緊急保護的必要性。因此，較第1項「必須要通報」程度稍微低一點，第二項是「必須要盡力儘速通報」，非通報義務，而是盡力為通報之義務。

　　無論如何，老人虐待防止法課予發現者上述兩項通報義務的目的，是從社會當中廣泛尋求訊息以達到老人的保護及照顧者的照顧。發現老人虐待者通報的對象（機關），是受市町村委託之「老人虐待應對協力者，即地區綜合照顧中心」。

　　因此，這樣的通報要考慮個人資料保護法的相關規定吧。

　　發現者有必須要通報的義務，但假如沒有得到本人的同意，即違反個人資料保護法。換言之，無法確認本人的意思時、本人保持沉默時、本人意圖包庇虐待者時，就會很困擾。發現者不知道是否要受此法規拘束而不通報，將會導

致無所適從，動彈不得。

　　為了避免以上的情況，個人資料保護法規定，未獲本人同意而取得個人資訊（包括需要考慮的個人資訊、數據），原則上不得提供給第三人，例外的情形是同法第 16 條第 3 項、第 17 條第 2 項、第 23 條第 1 項、2 項，特別是負有老人虐待通報義務之人，第 16 條第 3 項第 1 款、第 17 條第 2 項第 1 款、第 23 條第 1 項第 1 款「基於法令之規定」，允許未獲本人同意而為通報。

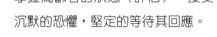

專欄　不要把高齡者一概而論

　　向某位高齡女性詢問事情，但總是得不到回答。猜想是重聽及理解力低下，就在該高齡女性耳邊，使用簡短言詞大聲說話，但這麼做，容易被誤會成「聽起來像是用那麼大的聲音說話」。高齡者的沉默寡言或重聽，不能直接認定為失智症或失語症。務必要好好掌握高齡者的狀態（評估），接受沉默的恐懼，堅定的等待其回應。

遭受詐欺

某日，銀行即將結束營業之際，40歲左右的男性，偕同80歲的女性前來櫃檯。穿著灰色褲子的男性雖然露出笑容，但是眼神銳利，乍看之下，難以接近。

該男性說自己是女性D女士（80餘歲的女性）熟悉的友人。深受D女士的信任且熱切依賴其為金錢管理。所以，其不得不幫忙。實際上，D女士所居住的房子已經很老舊，需要重新整修，因此打算要從存款中提領300萬元的現金。接待的Z行員立刻懷疑「這是詐欺吧」。然而，D女士隨即取出存摺、印鑑章。Z行員首先要確認本人的意思。

Z行員：「那麼，這次是要從存款中提領300萬元的現金嗎？」

男性：「是的。」

Z行員：「謝謝，不好意思，我想向D女士詢問一下今天的心情。」（視線直接看往D女士）「D女士，今天要從存款中提領300萬元的現金嗎？」

D女士：「……是。」

Z行員：「不好意思，是預定做什麼用途呢？」

男性：（有點慌張）「就說了，是重新整修老舊的房子！」

Z行員：「對不起，我必須要向本人確認。」「D女士，是這樣嗎？」

D女士：「……是重新整修。」

男性：「看！快點領出來！」

Z行員：「重新整修很辛苦呢！這次是考慮做什麼樣的重新整修呢？」

D女士：「……嗯……是重新整修。」

男性：「已經可以了吧，既然有存摺跟印鑑章，快點領出來吧！」

關注的重點

- D女士跟相當於親子年齡差距的同行者一起出現

- 帶著提款所必要的存摺、印鑑章

- 對於詢問都能回答「是」

- 回答的內容跟同行者相同

- 關於提款用途的詢問，無法仔細回答

金融機構

- 首先，確認本人的意思

- 若跟同行者在一起，無法知道D女士所表示的內容是否其真實的意思

- 將D女士引導到不同的房間，確保安全、安心後，再確認其意思

- 不用害怕同行者的恐嚇、騷擾，必要時，請男性行員一同列席，或者拜託上司幫忙，以多數人、組織化應對

- 該同行者可能會怒罵，或故意裝作生氣的樣子來探詢銀行態度

- 一旦交付提款，就無法回復

不管 Z 行員如何仔細的詢問 D 女士，都得不到令人信服的答案。男性則粗暴地說：「快點領出來吧」。

關注的重點
● 理解力低下，因此有可能受到強暴、脅迫

金融機構
● 若真的要重新整修房子，可以直接將款項匯至該整修公司，或者，以分期付款也很好，使用這些話題加以拖延，向警察諮詢以保護顧客

● 即使兩人離開返家，也有可能再度前來。記錄與預測是很重要的

【之後】

　　Z 行員跟上司討論，首先，將 D 女士跟該男性分別帶到不同的房間，同時向總行報告上述情況，討論之後，雖然 D 女士帶來存摺、印鑑章，本人也同意提款，但因為考量到 D 女士所提領的現金，很容易就交給該男性，決定直接跟警察聯絡。

　　趕來的兩名警察，在不同的房間詢問 D 女士及該名男性，男性無法具體說明款項用途，邊說著「算了」，隨即慌慌張張離開座位，這次的事總算平安落幕。因為擔心 D 女士一個人就這樣回去，得到 D 女士的同意後，以電話聯繫其家人，由家人來接回。

金融機構應對方法的重點

▨ 初期的應對

D 女士：能夠向金融機構描述自己的想法及家裡的樣子。
金融機構：不僅聽取同行男性的說法，也有必要確認 D 女士的意思及居住環境，並與警察討論。

▨ 中期、長期應對：地區、相關單位的合作

D 女士：自己的經濟狀況、生活混為一談，如果有困難，可以向家人、照顧窗口、地區整合照顧中心等諮詢。

- 藉由討論必要的醫療、照顧、權利維護等，使其接受協助，以獲得穩定、安心的生活為目標。

金融機構：今後，為了不再遭受到同樣的危害，守護 D 女士的理解力、判斷力，與其家人、照顧者密切合作。

今後希望達成的目標

以 D 女士的財產和生活不受到他人的狙擊、脅迫，得以安心、安定的生活為目標，醫療、照顧及金融機構共同組成一個團隊給予協助。

醫師的建言

大多數的人，經常無法注意到周圍的人罹患失智症前階段的認知障礙所帶來的變化。理解力、判斷力變得較為低下，生活上沒有發生大問題，但如果遭到惡意詐騙的話，就很容易受騙。進展至失智症時，首先，無法認識到自己的認知機能低下，因為漠然的不安全感，會拒絕周圍的人的幫助。阿茲海默症型的失智症，無法承認自己的能力下降以致不能接受協助，會強調自己什麼都能做。因為無法理解說明內容，什麼都接受，經過不斷勸說，購買了不需要的商品、簽訂不需要的服務契約。

社會福利、護理人員的建言

　　首先，以真摯的傳達你所擔心之事為開端，像「我覺得你應該沒有問題，但其他人遇到了這樣嚴重的事情」的話，也是有效果的。如果被罵了，分析其生氣的原因也會成為之後關鍵性的決定因素。也就是說，因為失智症等原因，失智者可能會莫名其妙的生氣，或者因為有障礙、不擅長交流而生氣，此時，考慮失智者的態度和今後的利益，也可以故意裝作生氣的樣子，以觀察其反應。從這些意義來說，認識失智者本人是很重要

的。此外，無論採取什麼樣的措施，暴力行為對其他人的影響很大，有必要暫時將失智者與同行者分開，再與警察聯繫。

　　有些金融機構，針對類似的案例件，只要提款金額在 100 萬元以上，就會向警察機關通報，這意味著疑似「詐欺被害」的案件，需要緊急加以應變。

法律人的建言

　　這案例的 D 女士雖然帶來存摺及印鑑章，但其回答很有可能是聽從同行男性的說法，也無法具體說明提款的用途及重新整修房子的細節。D 女士很明顯是因為身邊有非自家人的男性同行，以致無法坦率地表達自己的意願。在這種情況下，D 女士遭到同行男性詐欺、恐嚇、脅迫與此次希望提款 300 萬元是受到詐欺（欺騙而提款）或恐嚇（脅迫而提款）的可能性是很高的。

　　在這樣的情況下，應該由多名銀行職員來處理，慎重確認本人的意思。如果先由同行男性說明的話，之後本人可能會受到誘導或影響，應該先請本人說明，且避免僅讓其回答「是」、「不是」的問題，即使花費很長時間，也要添加適當的言詞加以詢問，讓

其使用自己的言詞，具體地說明。

　　說明之後，若仍有疑慮，如同此次一般，直接聯繫警察也是有效的方法。雖然，請同行的男性離開，先獲得 D 女士的同意再聯繫警察，是比較好的作法。但是，如同此案例的情形，因為同行男性的存在以致無法確認本人的真實意思，有違反本人意思而交付現金予同行男性之危險性存在，即符合個人資料保護法第 23 條第 1 項第 2 款所規定之「為了保護人的生命、身體、財產所必要，難以獲得本人同意」的例外。

　　雖然沒有獲得本人允許或個人資料保護法所稱之同意，通報警察仍是被准許的。

　　實際上，向警察通報可能會受到同行男性及 D 女士的強烈反對，反而會造成意見的牴觸，也可能因此感到猶豫不決。但是，只要知道向警察通報是有效且可行的選擇，心情就會變得比較從容。

與此案例不同，若 D 女士說「我沒有其他家人」，如同「現在，立刻活用，案例學習 2」，基於前述個人資料保護法第 16 條第 3 項第 2 款、第 17 條第 2 項第 3 款、第 23 條第 1 項第 2 款等規定，與 D 女士居住地的區域整合照顧中心聯繫，仰賴中心的協助是非常有必要的。

這樣的案例也是虐待嗎？

詐欺的行為，因為詐欺而被害，還有以下的案例。參考本案例中，各專業人員的建議，再討論應對方式以及研究對策。另外，在現場應對要下很多功夫。本項目除以下情況外，還將討論大家在現場應對所遇到的困難，與大家一起研修、考慮對策。

①有充足資金的男姓 E 先生，配偶已經過世，目前一人獨居。其在可疑的婚姻介紹所登錄，與介紹所介紹的女性往來幾次之後，女性反覆要求金錢及物品。對該女性抱持好感的 E 先生，按照女性的要求給予貴重物品。為了交付現金給該女性，將存款、投資信託均予以解約。然而，該女性不知道從何時起，就突然從 E 先生眼前消失了，E 先生感到寂寞，婚姻介紹所又介紹了其他的女性，兩人關係不錯之後，同樣向 E 先生索求金錢，E 先生也依女性的要求給了錢，結果，E 先生重複著同樣的事情，最後金融資產就見底了。

②與孫子年紀雷同的男性銷售人員，對於高齡女性十分溫柔，讓其反覆購買和服，導致該女性去世時，留下鉅額債務。

③冒充銀行職員之人的話術是「銀行正舉辦利息特別高的定期存款活動」，前往長輩的住所拜訪，要求長輩存放大量現金，且交付自己製作的存款證明，該冒充銀行職員之人將大量的現金拿走之後，就再也無法聯繫，感到可疑的顧客與銀行聯繫、查詢，才發現這根本就是詐欺行為。

④告知可以領取退稅金，並引誘前往 ATM 匯款之「退款詐欺」、「有利可圖」等投資話術，支付費用之後，就無法與業者聯繫之「投資詐欺」等被害案例也很多。

在金融機構的窗口

　　金融機構為了防止老年顧客遭受特殊詐欺而被害，在提領高額現金時，除了確認資金用途外，還可以建議老年顧客使用匯款或匯票、並根據需要而與警察合作，以守護客戶重要的現金資產。

怎樣才能聯繫到家人呢？

💬 取得本人理解而與家人聯繫是困難的

跟本人討論其最輝煌的時代以及擅長的領域（工作時代、運動、育兒及家庭話題、興趣、家務、志工經驗等），放鬆其警戒而打開心扉，將注意力集中在話題上，以便得到個人資料。一邊看著本人的模樣，一邊說「一直以來都受到您的照顧，請允許我前去向您的家人打聲招呼」、「只站在玄關也沒有關係，希望能見見您的家人」，讓對方感覺到與其家人接觸的誠意。

此外，即使這次用這個方法很難，未必下次就一定不行，反之也有可能。最重要的是要讓對方感受到容易交談的輕鬆氛圍，再分析狀況，逐步推進計畫並加以記錄。

💬 即使與家人聯繫，家人也未必會採取行動

家人能想像今後的發展是很重要的。現在，如果不趕緊行動、不利用制度的話，父母親的生活會變成什麼樣？家人的負擔會變成什麼樣？等具體的告知內容，讓家人得以想像，讓人感覺現在開始行動會比較適當。事實上，早期的診斷、作法，會使之後的人生選項變多，若醫療和福利的照顧也晚，選項也就越少。

隨著失智症的進展，被害妄想和興奮等精神症狀會逐漸變多。若從早期開始，根據專業人員的建議處理，利用看護服務，可以有效減少未來照護上的負擔。

金融機構的
困擾
（面對面篇）

4-1 金融機構的困擾（面對面篇）

目的不明卻長時間待在銀行的案例

　　某位高齡女性，每天從早上 9 時至打烊為止，坐在大廳的沙發上。

　　行員雖然出聲詢問「謝謝一直以來的照顧，今天有什麼需要幫忙的嗎？」「有什麼問題嗎？」，也只是回答「是、是」。

　　請該名高齡女性告知名字、確認住所，一同返回其住所並拜訪其先生。但其先生也不知道該如何是好，而一副很為難的樣子。

　　翌日，該名高齡女性再度來到銀行，仍是相同的模樣。

　　該怎麼處理比較好呢？

───── 應對的要點 ─────

　　從醫學的角度來看，失智症的症狀中，有重複相同行動的情況。特別是在額葉機能低下時，更容易發生，有額葉障礙的阿茲海默型失智症以及額顳葉型失智症，很容易看到上述情況。重複的行動因人而異，如果是在鄉鎮地方，可能每天都會去田地、寺廟等處，但是為什麼在都市裡會選擇銀行呢？可能連失智者本人也不知道其理由，所以，協助他們安全返家是很重要的。

　　金融機構的應對方法是，在業務有餘裕時，假裝若無其事的與其談話，一點點慢慢的蒐集失智者喜歡的食物、過去喜歡的東西、有無家人等，等到事態緊急時，才能夠應對。

　　對本人來說，有可以安心的地方是很難得的。假如本來就有除了銀行以外，能夠愉快、安心居住的地方，當然更好。

　　而且，可以想像失智者在生活上還有其他困難，之後則

會有更多困難。為了讓本人、家人均能瞭解銀行附近的高齡者的公務機關窗口、財產管理、權利維護等制度，金融機構應能夠根據其需要而提供地區整合照顧中心、介護保險制度、成年後見制度等的宣傳手冊，給予有任何困難時，均能夠前去各機關諮商的安心感。

而且，行員能夠毫無顧慮的與上司、總行報告、商量也很重要，從上司、總行那裡，能夠得到與地區整合照顧中心應對的建議。另外，在金融機構設置對高齡者友善的窗口，加強與社會福利顧問的合作，也是一個可以思考的方案。

知而得 小知識「在地區守護失智症長者的機制」

☐ 隨著失智症的進展，原本能夠外出的人，變成無法回到住家或設施等居住場所，而有稱為「徘徊、遊走」的情況。那個「徘徊、遊走」的地方，也有可能是金融機構。這樣的情況下，地區整合照顧中心成為窗口，為了讓需要守護的人在「徘徊、遊走」時即時被其他人發現、尋獲，可以事先向福祉事務所登記，平常就蒐集照片、聯絡方式、本人的特徵等資料並予以登記，在發生緊急狀況的時刻，才能夠令失智者安心。

☐ 另外，GPS、衣服、鞋子、所持物品，也寫上聯繫方式，萬一發現時，就能取得聯繫。

☐ 根據區域不同，也有在老人的指甲貼上自治體資訊（市町村名及區公所的聯絡方式）的所在位置。

☐ 政府及地區整合照顧中心向附近或預想老人可能會去的地方提供資訊，建立守護老人的網絡，也是很重要的。

☐ 像上面那樣的知識和應對方式，可以減輕金融機構中各位的業務、縮短應對時間，讓身邊的人更容易生活。

連結各機關時應思考的事

　　每天，一整日沒事卻在金融機構的人，或許並不麻煩，卻很值得擔心。

　　期間如果超過三週到一個月，最好考慮聯繫其家人或照顧者。更可怕的是，每天都來的人，突然不來了。這種情況，第一個要懷疑的，是有健康不佳的可能性。如果那個人沒有親屬，難以察覺其異狀的話……？所以，當其在身體健康時來金融機構，試著建立聯繫網絡是很重要的。

　　對於沒事卻每天來的人，如果曾經與醫療、福利、介護、法律等專業人員聯繫，之後就由彼等發揮專業，而為適當的應對處理。因此，各位事先知道應對方法的重點，是很重要的。

　　可以的話，首先，向本人說明金融機構不是住家，接著詢問本人的健康狀態（例如：身體狀況、心情、認知能力、疾病、醫療的必要性）、生活狀況（家人、到自家的距離及交通方式、肚子是否飢餓、喉嚨是否乾渴）、掌握居住環境、經濟層面、將來的事情、有無照顧的必要性等資訊。這樣的話，首先需要知道與醫療、福利、介護及法律等建立聯繫網絡到什麼程度，才能讓連結方式變得更加順暢。

　　應該也有人會煩惱是否與各機關產生連結、如何連結，這時候，請考慮將「如果這是自己的家人該怎麼辦？」列為思考目標。

　　期待一直以來都以溫柔來對待客戶的金融機構，能夠試著與醫療、福利、介護及法律等專門人員，建立聯繫網絡。

打了好幾次電話的應對

例1：以電話說明申請書的填寫方式，當時似乎是能夠理解的樣子，之後，多次打電話詢問相同的問題。

例2：帳戶所有人提出「女兒擅自提領自己的存款，所以，女兒來了，不可以付款」的要求，雖然向其說明，如果無法確認是本人的意思，就不會付款，仍然每天打電話持續同樣的要求。有一次，帳戶所有人跟先生一起到銀行，表示「女兒擅自提領存款，考慮對女兒提出訴訟。」首先，可以隔離帳戶所有人而先與其女兒商量。

例3：以掛號寄出的郵件，每次都說沒有收到。但郵局確認過確實有收到，因為是一個人獨居，顯然只有本人可以領收……。

應對的要點

一旦罹患記憶障礙，就會忘記自己做過的事，不僅是說明過的內容，連「說明過」這件事都會忘記。加上不安之後，就會進展成被害妄想。大多時候，因為會直接影響到生活，與財產有關的事務就會成為被害妄想的主題。這樣的情況出現在記憶障礙的早期，還保有打電話或前往銀行的能力時。隨著失智症的進展，忘記了或想不起來，無法打電話及外出，自然也就不會有這樣的舉動。

長時間的說明或應對，對於失智者而言，因為難以記憶、理解，體力及精力則遭到消耗，甚至會變得更加不安，可能沒有任何效果。緩慢地、流利地以短文簡潔說明，難以理解時，如果有家人在，可以告知家人。家人不在時，試著提出請家人聯繫的請求。另外，先向對方表達無法順利傳達的歉意，再結束話題，也許是必要的。

另外，記錄下那個時間點的對話內容、花費的時間、頻率、順利或無法順利的應對，作為顧客資訊而在銀行內公告周知，讓行員持續一定時間繼續應對，再採取下一步的動作（與家人聯繫、向公機關提供資料），也是很重要的。

重複遺失存摺、印鑑章等、來銀行的

間隔時間等都是其中的一個例子，可以考慮以下的應對方式。

遺失存摺的發生頻率為一個月三次以上，或者一週一次以上，都要十分注意，應該考慮與家人或照顧者聯繫。以補發存摺為例，不經常補發的人，在比較短的時間內再次遺失存摺、印鑑章，也有可能因為不小心而補發第二次，但是，第三次遺失的話，屬於單純偶然或不注意的可能性極低，從第三次遺失開始，就要懷疑是判斷能力低下的案例，有必要謹慎應對。

另外，上開次數只是一個例子，可以根據各金融機構的情況再進行研究、設定。

比起十次的對話應對或一次的長時間應對，直接到顧客家拜訪一次，在管理上會更加有效果。有組織的應對、多數的人親眼目擊、好的接待，這些是保護財產的基礎，也能夠杜絕往後的糾紛。

例如：拜訪住所而得知家人的聯絡方式，在財產管理上，更能夠獲得適當及必要的照顧網絡。

如何取得本人的理解、同意而與家人聯繫，或者與高齡者的公共窗口，即地區整合照顧中心聯繫，並與必要的照顧與制度產生連結，是非常重要的，也會對之後的發展產生很大的影響。

如同上述有記憶障礙的情形，要考慮失智者可能會折騰其他周圍的人，也有可能毀壞本人的生活。

那些被折騰的人也許會認知到，這些是在地方、自己身邊會發生的事情，因而成為下一個協助者或就困難的事與地區整合照顧中心產生照顧上的連結。此外，患者本人無法保有記憶，不懂手續，因此不安的反覆聯繫，這正是連結醫療及照顧的時間點。若錯過了，隨著失智症的進展，患者本人將會逐漸感到不安，因此更需要注意。

不僅給予溫暖的擁抱，而是應該提早分工

不管採取什麼樣的對策，不言可喻，都需要適度、適當的應對。

金融機構應對顧客不充分、不適切，將會成為今後的課題。

相反的，金融機構過於謹慎、親切的應對，遠超過其責任範圍，也會偏離個人利益。獨攬責任將可能使失智者本人所需要的醫療、福利、介護及法律等照顧反而遭到忽視。

請注意，擁抱顧客，超越責任範圍而懇切周到的應對，未必是美德或美談。

面對面篇 CASE・3

指控存款遭盜領的應對

年長的女性很生氣地來到銀行，說：「我的存款被偷走了，不在銀行的金庫內，是你們的行員偷的吧。」承辦行員雖然非常困惑，還是先確認了該女性的名字、以電腦查明餘額及交易明細。該名女性一週前至銀行提款，隨後，六天前、四天前、二天前，約11時左右，都到銀行做出同樣的指控。行員跟上司討論，並一同向該女性說明：「絕對沒有存款在本行遭盜領一事。」但該名女性仍持續大聲咆哮，行員不得不在接待室內再度說明。

之後，同樣的事反覆發生，而行員也只能耐心說明，但A女士每次的模樣都跟初次一樣，情況始終無法獲得改善，每一次都需要花費很長的時間向其說明，這樣，銀行該怎麼辦？

應對的要點

---

❶ 首先，讓本人的情緒冷靜下來，是絕對必要的。

❷ 為了同理本人，若有家人者，則與家人聯繫並說明狀況。若有其他困難，則與高齡者的公務機關窗口聯絡。

❸ 若其無法冷靜，大聲咆哮、敲打東西、施加暴力，擔心對於周圍的人產生影響，請其至其他房間，由數個職員接待。此時，根據本人的情況，儘可能加入不同的觀點、營造溫和的氣氛，且由男女職員一同列席。

金融機構謹慎、親切的應對，會減輕失智者的竊盜妄想及對金錢的不安，並加深其信賴關係。首先，認真傾聽，並讓失智症者冷靜。反之，若一味否定其所指控的事實，只會更增加其不安、亢奮及憤怒的情緒。

對於存款遭盜領的指控，在確認現狀及回應失智者方面，必須防止獨斷並維持客觀性，原則上，不宜由單獨一人，而應該由多人來共同處理。

與家人聯繫並說明事實經過時，必須維護失智者本人的尊嚴。例如：在打招呼後，說：「得到了A女士的同意，而與家人聯絡。在○年○月○日，已經從本行領走存款，然而，反覆調查之後確認所述（即盜領）並非事實，讓A女士特別來到銀行，

實在是非常抱歉」，誠懇地傳達歉意並期待今後仍維持良好的關係，並視 A 女士之需求或目前有無獲得其他的協助而介紹高齡者的照顧機構。

應對時，不僅只有本人及金融機構，根據不同的情況，家人、警察、社會福利機關等第三人亦得一同參與。如果不這樣做的話，無法進展到下一步而給予必要的照顧及協助，同樣的事情反覆發生，只會給予失智者本人更多的負面情感。

金融機構的各位也許會覺得將「應對失智者」這樣的事情向警察機關通報，跟「詐欺」通報一樣，都很難認定是否具備通報的必要性。然而，若失智症的暴力行為造成行員、其他客戶的麻煩，在行員遭到傷害之前，可以考慮請失智者到其他房間，並讓警察由行員專用出入口進入該房間而與失智者商談。

之後也有類似情況時：

□ 來銀行的日期及時間點
□ 穿著：合於季節的服飾、隨身物品、鞋子、拖鞋或赤腳
□ 身上有無攜帶聯繫方式、或是藏在隨身物品裡？
□ 有無不衛生的狀態、身體是否有臭味？

以上這些記錄，是向相關人員說明照顧的必要性、急迫性及介入時機點等的重要證據。此外，也有助於醫師的診斷。失智者本人懷著不安來到銀行的日期、時間，會是家人或照顧者介入幫助的有力資料。這些記錄的工作雖然很辛苦，乍看之下又似乎毫不相干，然而，因為能夠讓本人安心，最終將可能大大減輕金融機構的負擔。

在這個案例中，間隔一日的 11 時到銀行，是一個很重要的線索。沒有來銀行當天，或許是有家人去探視、也或者本人會去日間服務中心，至於 11 點到銀行，可能是一直以來的購物習慣（肚子餓→沒有食物→沒有去購物→沒有錢→前往銀行），而該時間點，其家人不在的可能性非常高。因此，在該時間點，藉由家人打電話、照顧者參與、日間服務之利用等，提高其本人的安全感，或許可以降低其不安。因此，務必要獲得其同意而將資訊提供給家人、照顧者，告知事實狀況，而採取進一步的行動。

專欄

客戶無法理解時

當行員受到懷疑時，有必要慎重處理。一方面確認交易過程的記錄、所辦理之手續的文書等書面資料，另一方面蒐集證詞、錄影畫面等，以判斷何者為事實。在查明事實後，向本人詳細說明是絕對不可或缺的。縱使沒有發現任何問題，也要加以說明，以獲取顧客的諒解。特別是客戶因為臆測、誤解而有很強烈的不安全感，或者實際上也很有可能因為其他原因，導致金錢損失，即使只是第一、二次，也應該考慮及早與家人或照顧者聯絡。

專欄 後見花絮－保佐人的碎碎念

擔任專職的保佐人時，也曾經聽聞失智者說「錢被偷了」、「存摺被偷了」等。

有一天打十通電話給保佐人的人，也有不停打電話給區公所、警察及金融機構的人。

在某個案例，失智者說了好幾次「把存摺還我」，保佐人也回答了好幾次「可以啊」，但失智者卻好像被打敗了一般，流露出些許的失望、寂寞感。

之後，與失智者的關係更深，才理解到失智者的行為，其實，是在一人獨自生活的寂寞中，將誰視為消除、減輕其孤獨感的目標。

護理師和護理助理等社會福利相關人士也有同樣的想法，日間服務的利用次數或訪視次數增加，與他人的談話機會增加，投訴的次數就大幅減少了。

投訴的真意，也許是在傾訴寂寞吧！

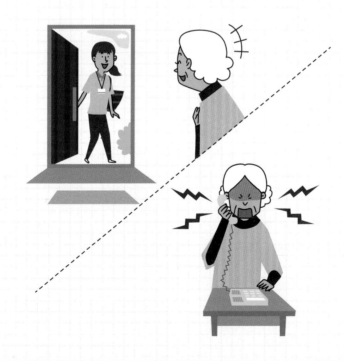

本人的認知能力有變動的案例

　　理解力因時而異的客戶，在理解力正常時，容易溝通，也能夠順利完成所有手續。

　　然而，理解力不正常時，突然來到銀行櫃檯，大吵大鬧稱「銀行的○○先生／女士（特定的櫃檯業務人員）在定存到期時，盜領我全部的款項」、「叫警察來」。雖然想要殷切地向其說明，但其馬上回答「我不想聽」，簡直是判若兩人。有時，雖然有家人陪同前來，家人卻也為了如何處理而十分苦惱。

　　到底該怎麼辦才好呢？

應對的要點

　　根據交易之不同，契約是否有效成立固然不明確，但基本上，本人的意思明確且具有理解力時所簽訂的契約，就應該是成立且有效的。契約是由雙方為意思表示且意思表示一致時成立。假如雙方在意思表示的時點，那個瞬間是一致的，契約就成立了。

　　但是，理解力會不斷變化的情況，究竟某個時間點是否具備理解力？臨櫃辦理時，將會讓承辦人員十分苦惱。因此，除了以文字、聲音、影像等予以記錄外，還需要多次向家人詢問本人平常的樣子，確認理解力變動的時間之間隔（數小時～數日）。

　　原則雖是上述那樣，但還可以再稍微詳細的說明。

　　理解力變化是路易氏體失智症的症狀之一。這項疾病，意識清楚時，能夠順暢地溝通，無意識時則難以溝通。血管性失智症也會出現意識暫時下降、理解力低下的情況，此時，失智者可能會忘記以致無法理解其曾經在自己狀態好的時候所簽訂的契約或辦理的手續。在醫療面，對於這樣的情況，是在狀態好的時候向本人說明、取得同意、擬定治療方針。就醫療而言，是判斷失智者狀態良好後，一同擬定治療方針，但就金融機構而言，研判失智者狀況是否良好再進行說明，是很困難的，因此就會產生契約是否有效的爭議。所以，有必要避免與狀態不斷改變的人締結新的契約。雖然，失智症是一直不斷惡化，但既然失智者有可能因為理解力產生變化，任意簽訂契約以致造成本人的損失，在認定契約的有效性時，本人的判斷仍是非常

重要的因素。

另一方面，也有失去思考的一貫性、失去依據場合而為判斷的行為控制力的案例。特別是在額葉的機能下降的情況，其認知狀態並無變動，但聽取說明時，對於說明內容中，不同的要件則會有不同的反應，其選擇因而有所改變。這樣的情形，因為缺乏判斷上的一貫性，也應該認為簽訂契約的能力是下降的。簽約之後，若予以解約，將會產生違約金、手續費等，對於客戶顯然是不利益的，因此，不應僅與本人簽訂契約，可能的話，應該找家人一同商量、討論。

具體而言，失智者本人仍然有一定程度的認知能力、理解能力的情況，應由本人在辦理手續的書面上，親筆記載並簽名、捺印。這樣做，即使之後失智者推翻原來的意見，但就其曾經被承辦人員說服一事仍然是有益的。或者，也可以成為其家人來銀行詢問時的證據。

另外，錄影、錄音等客觀證據也很有用。本人認為契約、簽名是偽造的、不予承認的情況，假如有這些紀錄，也能夠供第三者在之後加以確認。

失智者未具備足夠的理解力時，將這件事記錄下來。若其情況不斷變動、反覆，則可以先引導失智者到其他房間冷靜下來，並說服其先返家。

持續上述的應對方式，才再往下一階段，可以說，重複這些步驟是為了證明失智者本人確實需要與公務機關建立制度性

的聯繫。

蒐集事實，向家人提供所知悉的資訊並與有系統性組織的公務機關連結合作。

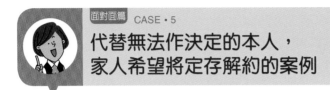

代替無法作決定的本人，
家人希望將定存解約的案例

　　存款帳戶所有人（90歲）之孫，打電話向銀行要求將定期存款解約。為了確認是否係本人的意思，銀行兩位承辦人員前往其住處拜訪。

　　至住處拜訪時，同住的女兒（60歲）及孫子（30歲）坐在一旁，帳戶所有人則幾乎臥床不起，似乎無法睜開眼睛，也好像聽不到任何聲音。銀行承辦人員詢問解約的意願及說明後續手續的辦理方式，帳戶所有人僅回答「沒有」。「沒有自己的帳戶」、「沒有打算解約」、「不太懂談話的內容」。女兒則慌慌張張地說了句「要解約吧」，但帳戶所有人並無任何反應。這樣的情況，應該如何處理呢？

--- 應對的要點 ---

- 考慮再次拜訪
- 詢問家人，帳戶所有人平常的模樣
- 不是詢問家人，而是慎重地確認本人的意思
- 若要持續交易，推薦今後能夠協助為財產管理的對策

　　如同這次的拜訪，無法確認本人的意思，絕對不能解約。日後，等本人的狀態比較好的時候，再確認本人的意思。在第一次拜訪時，就「帳戶本人平日對於解約一事，有什麼說法？」、「精神狀況什麼時候比較好？」、「家人是否希望解約？理由？」等事，儘可能詢問家人並予以記錄。詢問之後，不僅無法解約，也不能考慮返還存款。家人所說的，絕對不是帳戶所有人的意思，至多僅能當作參考的意見。

　　再度拜訪時，若帳戶所有人的狀態良好，具備足夠的理解能力，除了說明解約的內容，還要詳細解釋中途解約可能會衍生手續費、違約金等，慎重確認本人的意思後，再進行解約手續。

　　如果要繼續進行交易，務必研商今後的對策。可以從本人的年紀、到宅拜訪時的樣子、管理財產的判斷能力等方面加以思考。若本人的狀況不是很好，委託律師聲請成年後見，亦不失為方法之一。本人

及家人，就自身的判斷能力，應該向醫師求診，就成年後見制度則可以考慮向公務機關，如地區整合照顧中心諮商。

面對面篇 CASE・6

本人拒絕利用成年後見制度的案例

經營菓子鋪的長男，以父親名下做為店面兼住家使用的不動產，向銀行申請改建的融資貸款，但用以擔保之不動產的所有權人（即父親）常忘東忘西，似有判斷能力的問題。

X 行員建議長男：「針對健忘的情況，是不是應該就醫診斷」，長男並未向父親說明醫師診斷結果，之後，家庭裁判所（譯註：即家事法院）為了補助宣告而開庭詢問父親時，父親表示拒絕利用成年後見制度。

─────── 應對的要點 ───────

●擬利用成年後見制度，向本人仔細說明，獲得本人肯認，是非常重要的。

1 案例概要

五年前罹患糖尿病而住院的 A 先生。

兩年前，開始出現健忘的症狀，遂將所經營的菓子鋪傳承予長男 Y 先生。

Y 先生打算以 A 先生名下做為店面兼住家使用的不動產，向銀行申請改建的融資貸款。

偶爾，X 行員會在 Y 先生的菓子店裡與 A 先生談話。A 先生的身體還算健康，但似乎有點不太能與人適切談話，到銀行的時候，經常忘記帶存摺，或是填錯存款單，因此，X 行員向 Y 先生詢問 A 先生的情況，據聞 A 先生的健忘狀態在最近這一個月似乎更加嚴重。X 行員跟上司討論，認為有更進一步確認 A 先生判斷能力的必要性。

就融資一事，「A 先生目前的狀態，似乎很難跟他對話，可能要考慮帶 A 先生就醫，診斷其健忘的症狀，如果診斷為失

智症，可能要考慮利用成年後見制度，選任後見人、輔佐人或補助人」，X行員向Y先生說明。

A先生前往其長期看診的內科醫師所介紹、位在附近的「失智門診」就醫，雖然A先生在長谷川式評估表（HDS-R）的得分為22分（譯註：長谷川式評估表（HDS-R），係日本精神科醫師長谷川和夫針對失智症所開發之簡易認知測驗方式，用以測試認知機能，在日本，較MMSE更廣為使用，其記憶測驗項目有九種，滿分為30分，20分以下需要高度懷疑有罹患失智症之虞，20以下為輕度、10至19分為中重度、10分以下為重度），但因其有很嚴重的記憶障礙，難以理解金融機構複雜的契約內容，因此，Y先生立刻向家庭裁判所（家事法院）聲請「補助」。

幾天之後，Y先生隨同A先生前往家庭裁判所（家事法院），接受家事調查官之訪視，A先生答稱：「我沒有聽說過這樣的事，我完全不需要別人的照顧」，法院因此無法受理此項聲請。（譯註：與日本不同，我國的輔助／監護宣告之聲請，並不以獲得失智者或其他精神障礙者之同意為要件）

2 | 法定後見制度

法定後見制度，依據本人是否具備判斷能力，區分為成年後見、保佐及補助三種。

聲請成年後見所使用的診斷證明書，關於判斷能力，醫師的診斷意見分為：「①不能管理、處分自己的財產；②需要他人協助以管理、處分自己的財產；③有需要他人協助以管理、處分自己財產的情況；④可以自行管理、處分自己的財產」等四項，根據上開基準，而分別為：「①後見；②保佐；③補助；④無庸聲請成年後見」之認定。

這個案例，Y先生雖然知道自己在哪裡、跟誰在一起等，長谷川式簡易測驗得分為22，但其記憶障礙非常嚴重，醫師的診斷意見是相當於「補助」，家事裁判所（家事法院）的諮詢窗口逐指導其提出聲請的方法。

3 | 成年後見制度　知情、同意

Y先生以為只要提出書面聲請，法院就可以受理，並末向A先生詳細說明，以

不用啦！

致招來 A 先生強烈的反彈，在家庭裁判所（家事法院）進行調查時，強硬表示反對的意思。

成年後見制度，跟以前的禁治產制度相異，尊重自己的決定、活用現存能力，是平衡尊重本人意願及保護本人權利的制度。

因此，聲請成年後見，必須重視本人的意願。如同本案例，因為本人還具備較高的判斷能力，家庭裁判所（家事法院）會開庭，家庭裁判所（家事法院）的法官、調查官也會詢問並聽取本人的意見，本人同意是「補助」的要件。

因此，在提出「補助」的聲請時，必須向本人詳細說明利用「補助」制度的必要性以及「補助人」能夠提供的協助，讓本人能夠接受並同意。

A 先生有記憶障礙，經常會忘記先前說過的話。然而，改建是為了來店客人的舒適性及讓 A 先生仍能持續居住在家中，因此，就何以有利用成年後見制度的必要性，應該以 A 先生能夠理解的簡單易懂的方式加以說明。

為此，提出成年後見的聲請前，可以請教律師、代書，或是與地區整合照顧中心的諮商人員討論，以協助 A 先生理解該制度。

4 | 金融機構的應對

雖然，X 行員也認為 Y 先生應該考慮提出後見制度之聲請，但擬利用成年後見制度，向本人詳細說明並獲得同意，是非常重要的。

為了讓 Y 先生理解成年後見制度的目的是對其提供生活扶助，除了前往醫院接受診斷、向地區整合照顧中心尋求諮商、由律師及代書詳細介紹該制度外，金融機構也負有親切而詳實說明之責任。

這個案例，一方面要觀察 A 先生的樣子，另一方面要試著回復 A 先生與 Y 先生親子間的信賴關係。成年後見制度並非一經不受理即無法重新聲請，在親子間的信賴關係回復之後，可以根據 A 先生當時的狀態，重新提出聲請。Y 先生可以考慮先跟 A 先生商量自家店鋪及住屋重新改建的必要性，獲得 A 先生的認可後，在地區整合照顧中心及法律人的協助下，再促請 A 先生考慮善用成年後見制度。

家人間的意見對立，本人則言聽計從的案例

疑似罹患失智症、高齡的 A 女士，對於兩個女兒各自意見，均言聽計從。

長女希望結清 A 女士的銀行帳戶，次女則希望繼續交易。

本人跟不同的女兒前來銀行時，都表示要按照女兒的要求辦理。

銀行的承辦人員提議讓兩個女兒一同出席討論，仍因為意見相反，難獲結論。

─── 應對的要點 ───

● 金融機構必須確認本人的意願才能辦理相關手續，但短時間內意見反覆，根本無從確認本人真實的意思。

1 案例概要

Z 副理年輕時，負責 A 女士先生所經營的公司之銀行事務。

當時，A 女士性格開朗，負責公司的會計。Z 副理在經歷一段時間後，重返該分行工作，正擔心 A 女士看起來似乎沒什麼精神時，臨櫃的 X 行員向 Z 副理提及想商量 A 女士之事。

根據 X 行員所述，關於與該行的交易是否解約一事，長女與次女的意見完全相反。而 A 女士不斷變來變去的意向，則讓人非常困惑。

X 行員打算詢問 A 女士的想法，長女就立刻阻撓，因此無法聽到 A 女士的說法。此時，A 女士的次女正好撥打電話到銀行，表示「我猜長女應該是帶著母親到銀行去吧！長女有謀奪母親財產的意圖，希望不要解約」，銀行將電話轉給長女後，長女就陪同 A 女士返家了。

翌日，A 女士跟次女一同到銀行，陳述「A 女士希望能繼續交易」，X 行員覺得非常苦惱。

再隔日，Z 副理就請 A 女士的長女、次女一同到銀行，並在接待室接待兩人，試著與兩人談話。

Z 副理談起其年輕時，曾經被 A 女士的先生訓斥一頓等事，一提到年輕時的回憶，A 女士的表情馬上變得生動活潑。

A女士說，「最近忘記的事非常多，有時還會忘記吃藥」、「耳朵聾了，現在還好，但一想到以後的事，就覺得很不安」，雖然長女、次女都住在附近，仍然難掩一人獨居的不安。

2 ｜ 金融機構的應對

上述案例，A女士應該還有一定程度的判斷能力。

只是，長女跟次女的意見不一致，也會動搖A女士原來的判斷。

原則上，金融機構只需要聽取A女士的意見，首先應請兩個女兒互相商量，若無法確認A女士的意見是始終不變的，就告知無法解約，請女兒見諒。

依據次女所說，長女疑似對A女士為經濟虐待，假如這不僅僅是次女情緒性的言詞，即有守護A女士交易內容的必要。

守護的應對方式，請參考「現在立刻活用！案例學習2」（P.47）。

金融機構的
困擾
（訪問篇）

4-2

金融機構的困擾（訪問篇）

訪視長久交易往來的客戶，其模樣與從前大相逕庭的案例

　　先生於不久之前過世，目前一人獨居的高齡女性。雖然有兩個兒子，但都住在較遠的地方，其個性十分嚴謹，身體狀況良好，嗜好是園藝。住處的庭院四季花開，室內整齊乾淨，花瓶內的鮮花不凋。

　　初夏某日，為了確認保險內容而與該名女性聯繫，前往拜訪時，赫然發現庭院荒蕪，穿著毫不合宜的冬季衣服，室內有文件跟廚餘混雜的垃圾袋，看起來非常混亂，花瓶裡的花早已經枯死，而廁所則散發出異樣的臭味。

　　詢問該名女性「究竟發生了什麼事？」，回答「這樣啊！這樣是嗎？一切都好」，跟以前會仔細回答的模樣完全不同。

　　向其說明目前保險的內容、希望如何處理，也只是說「這樣啊！隨便，怎樣都好」，似乎是難以理解跟回答的樣子。

　　隔壁的房間裡，有大量的羽毛被絮，再詢問該名女性，仍然是同樣的回答。

　　該名女性的兒子是否知道這樣的情況？怎麼辦比較好？到底發生了何事？

應對的要點

　　金融機構最大的優勢，在於能夠發現客戶今昔迴異以及與客戶家人之間所建立的信賴關係。

　　在這樣的情況，熱情銳減、執行功能下降、理解力低落，很難掌握或理解自身現狀，也不清楚自己遭遇的情況，例如：

不無完全未意識到自己成為買賣詐欺被害人的可能性。

首先，協助高齡者本人與家人聯繫，儘早跟家人傳達目前的狀況，向警察告發以避免被詐騙集團盯上等，都是非常重要且不可或缺的。

同時，確認本人及家人的希望，掌握生活上有困難之處，為了改善現狀並獲得未來能夠安心生活的安全感，也有必要與地區整合照顧中心的窗口或醫療、地區的機關的相互攜手合作。

這樣處理應對之後，金融機構將會成為客戶重要支持者之一，持續守護，且在必要時，與其他公務機關共同合作。

今昔大不同，訪問時，值得注意的點

● 注意生活環境

- 垃圾丟得到處都是，塑膠袋內放了很多奇怪的東西，不斷發出惡臭。
- 原本是綠手指，植物竟全數枯萎。枯葉覆蓋了家裡、走道。
- 玄關散發惡臭。未曾整理房屋。鞋子、物品到處亂扔。非常多的灰塵。
- 汽車有很多刮痕，車庫又髒，又有頗多擦撞。

● 注意對話內容

- 前後所述不符。反覆同樣的言詞。難以理解其所反問的問題。即使聽到具體的問題，也無從理解，僅能回答「是，是」、「嗯，嗯」、「這樣也好」等。

● 注意穿著

- 過去至住處拜訪時，係穿戴整齊。最近，總穿著睡衣。
- 沒有化妝。不刮鬍子。未整理頭髮，任其生長。口臭變得嚴重。
- 不合於季節的穿著。
- 衣服髒汙，好似不洗澡一般，發出臭味。

【以訪問為主的金融機構之優、缺點】

① 優點

- 長年以來，由同一人負責訪問→建立與客戶、家人間之信賴關係，鄰居也不會懷疑該人，甚至有機會發現可疑的人出入。

- 長年的往來及照片足，以看出家人組成及力量關係→客戶與家人之間的距離很近、彼此間聊天的感覺、很容易得知個人資訊〔家人的電話（貼在牆壁、貼在電話上的電話費帳單）〕、很容易詢問客戶並取得同意。此外，不難瞭解家人之間言談的變化、距離感、緊張感等，金融機構的訪問，如同自外面吹進家庭的風，能夠預防老人虐待。
- 從家裡的垃圾、汽車的汙損及擦痕等，可以瞭解客戶的生活環境→很容易即可發現熱情銳減、計畫執行力下降。如有機會發現汽車的擦痕增多，車庫牆壁有很多擦撞，可以知悉客戶的認知能力、判斷能力及危機管理能力。
- 從室內物品瞭解生活→生活狀況的變化，重要的資料散落一地，有很多催繳郵件，金錢與報紙混雜一起，存摺與印鑑就更不用說了。重要的東西完全沒有收拾整理，即有理解能力、判斷能力低下的可能。此外，棉被有燒焦、燒毀的痕跡，鍋子是焦黑的，瓦斯的周圍放置了許多易燃物，應該考慮其有注意力、整理整頓能力低下，導致發生火災的可能性。
- 金融機構對客戶而言，是主場，不是客場→如同日常生活的接觸一般，降低緊張感，更容易獲得身心安頓。更容易從彼此不間斷的談話中，發現重要的內容。

② **缺點**

- 長時間、單獨一人的訪問→沒有更多雙眼睛，很容易拉近與客戶及家人的距離，便難以保持客觀性，反而很難討論失智症的話題，成為竊盜妄想的偷盜者，很難證明自己無罪。

別讓樂齡變成「樂需」！
如何照顧失智者的荷包，金融人員的必修照護課

長時期往來的客戶，竟拖欠保險費的案例

交易往來數十年的老夫妻，從結婚、孩子出生、入學、先生發生車禍、太太生病，直到老年積蓄等，走過長長的人生。兩人的兒子目前住在較遠的城市。

某一天，竟發生夫妻拖欠保險費的不可思議之事。

銀行人員先以電話聯繫，告知翌日會前去拜訪、瞭解。隔天前去住處拜訪時，太太竟然完全不記得前一天曾經電話聯繫，而先生則表現出很吃驚的樣子。

「可能是發生了什麼誤會，實際上……」，銀行人員告知保險費逾期未繳納一事。

聞言，先生說「一直都是太太在處理這些事……」，太太則說：「是，是，很抱歉，立刻就存入款項」。

經過數日，款項仍尚未繳納，以電話詢問，雖然沒有惡言相向，但每次的反應都跟第一次一樣，先生也是做同樣的回答。

這樣下去，保險就會失去效力。

是否要聯繫兩人的孩子？該怎麼辦呢？

應對的要點

對於客戶及其家人而言，金融機構與客戶一起邁步同行，為人生的「萬一」做好準備，能夠帶來巨大的安全感，是十分重要的。但如未能依約繳納保險費至期滿，多年辛苦始累積下來的保險費將成為泡影。

這位妻子的狀況是記憶能力、理解能力均逐漸下降，因此，即使重複傳達了好幾遍同樣的內容，反應仍然跟好像第一次聽到一樣。

這案例的先生，雖然記憶能力及理解能力並無減損，但因為習慣了至今為止的生活，家裡所有的事都委由妻子處理，保險、家計、甚至連一雙筷子一個碗，有什麼、放哪裡等，全部交給妻子處理，也只有妻子一人知道。依此情形，雖然無法判斷先生是否罹患失智症，然其對於妻子的判斷能力貶損一事，卻顯然是毫無所知。

首先，銀行人員當然要先向金融機構報告，與上司討論，並研擬對策。

接著，儘早向夫妻任一方取得與彼等兒子聯繫的同意，將上述情形告知兩人的兒子。

夫妻不無忘記曾經同意金融機構與兒子聯絡的可能，因此，在獲得夫妻兩人之許可後，務必要記錄下來。向夫妻及兒子傳達高齡者公務機關的聯絡窗口，例如：地區整合照顧中心等的資訊，俾便三人知悉老夫妻可以獲得哪些協助。

特別是因為保險有失效日期，若逾期將會對本人造成極大的不利益，務必要以電話、信件、傳真、電子郵件及電報等各種方式，聯絡夫妻兩人的兒子。在生活中遇到各項困難，若能在當地立刻得到幫助，本人以及孩子都會感到較高的安全感吧！

這樣應對處理之後，金融機構成為維護客戶權益非常重要的支持者之一，期待能夠持續守護，於必要時則與公務機關一同合作（與「金融機構的困擾（訪問篇）CASE·1」（P.86）相同）。

難以聯繫兩人的兒子時，則請考慮向地區整合照顧中心諮詢。（詳細的內容，請參考「現在，立刻活用！案例學習1」（P.36）之「金融機構應對方式的重點」及來自各專業人員的建言）

長期交易往來的客戶，
最近，頻繁發生車禍的案例

50 幾歲的夫妻與就讀高中、國中的孩子，一共四人同住。

先生是公司的職員，太太則每週打工三次。

先生很喜歡汽車，從單身時即參加保險，隨著家裡人口增加，為了符合家庭生活模式，逐更換成家庭用車。

然而，最近，先生的交通事故頻仍，保險金的支付額大幅上升。

因為很重視車輛外觀及避免擦撞痕而購買了車體險，但妻子對於保險費提高一事，實在感到非常困擾。

銀行人員因為有點擔心而前來住處拜訪，並詢問先生發生車禍的原因，「不知道為什麼會發生」，先生這樣說，無法明確給出答案。

太太聞言，說：「坐在副駕駛座時，發現先生似乎是忘記目的地或以前熟悉的道路，突然急急忙忙迴轉或掉頭，實在非常危險，但是，我不會駕車，不論是購物或就醫，都只能依賴先生駕車」。

只有在先生的身體狀況不佳時會，發生這種情形，還是持續發生呢？若持續在這樣的身體狀態下駕駛車輛，恐怕會發生嚴重的事故，應該要向先生說明，其有立刻終止駕駛車輛的必要。

但如果不再駕車，可以想像生活上會衍生一定的困擾，銀行人員很煩惱該怎麼說才好。

這麼年輕就可能罹患失智症的先生，到底發生了什麼事？又該如何應對處理呢？

--- 應對的要點 ---

罹患失智症的人，有時會發生交通事故，各位應該都曾看過這種有點悲傷的新聞報導吧！各位可能都以為罹患失智症的都是年紀很大的人吧！

這案例中的先生年紀不大，可能要懷疑其罹患了年輕型失智症。

年輕型失智症，係指 65 歲以前發病的失智症。65 歲以上發病的失智症，阿茲海

默型約占六成以上。未滿 65 歲發病的失智症，則是以腦梗塞、腦出血等血管型失智症占多數。有報告指出，因為年輕型失智症發病時，正值中壯年且尚在任職期間，收入中斷對家庭經濟產生重大的影響，負責照顧病人的家人約有六成以上容易罹患憂鬱症。65 歲以下罹患失智症的比例較低，症狀又有點類似憂鬱症、腦炎、甲狀腺機能低下等，因此，相對於高齡者的失智症，有必要更清楚地鑑別。從這個意義上來看，儘早到醫療機關接受診斷是非常重要的。

罹患失智症的人，因為身體的狀況左右了駕駛操作，身體的動作變慢，駕駛的反應也變遲緩。此外，開車時注意力散漫或心不在焉，還會突然想到何時、在哪裡、這是什麼時間及地點、路徑等以致影響駕駛。而難以掌握空間的相對位置、超出中心線、無法停妥車輛或停得十分接近等，如這個案例的交通事故非常的多。

失智症並非僅限於高齡者的疾病。僅僅只是以眼睛所見的年齡來判斷有無失智症，將會產生嚴重的高度誤判。

首先，銀行人員必須向金融機構提出報告，跟上司討論，再擬定對策。請夫妻兩人回顧迄今為止的事情，瞭解先生的狀態是從何時開始的，並提出「以防萬一，就醫接受健康診斷才比較能夠安心」的建議，勸夫妻兩人早點向專科醫師求診。正因為金融機構與夫妻兩人經過長期交易往來，具備足夠的信賴關係，才能夠在銀行人員親自拜訪、商量後，提出建議。

就診之後，若需要治療，夫妻可能需要經濟上的援助。給付保險金或其他的諮詢都可以提供協助，生活的選項增加，才能促進夫妻兩人生活的安心及安定感。

同時，也可以將諮商生活上困難之地區整合照顧中心（年輕型：40 歲以上未滿 65 歲罹患失智者）、醫療、諮詢精神方面問題的保健中心等公務機關聯繫窗口之資訊提供予夫妻二人。與醫療、地區的資源等共同合作，是非常重要的。

隨著病情逐漸惡化，不僅是責任保險，包含人壽保險、年金、不動產貸款、火災保險等，都有與金融機構商討的必要。金融機構全體的協助，將會成為客戶及家屬強而有力的支柱。

別讓樂齡變成「樂零」！
如何照顧失智者的荷包，金融人員的必修照護課

金融機構
應有的準備

5

金融機構應有的準備

check!

「金融機構的困擾」中，大部分的案例，是從什麼時機、應該與其他機關進行什麼樣的合作之觀點，強調金融機構與客戶之間的應對。

然而，在現場應對客戶時，很多情況下，不會特別意識到「這個人也許罹患了失智症」，或者，無法清楚明確地辨識眼前的客戶是否罹患失智症。像這樣的時點，金融機構還有很多應該準備的對策，就在這一章介紹吧！

首先，是業務上的應對。在通常的業務中，年長者買賣風險性商品是非常值得注意的，來看看應有的應對方式吧！

接下來，為了有組織的應對，提出金融機構應如何準備的建議。

那麼，就依序加以討論吧！

❶進行風險性商品買賣之情況

70 餘歲的男性，在此之前，均係以投資信託的方式進行風險性商品買賣。之前持有的投資信託都已經賣掉了，因為 300 萬元定期存款即將到期，正在討論要購買日本國內股票的投資信託。之前有過交易經驗，對話似乎也沒有什麼問題，有什麼應該要注意的嗎？

這次的客戶是 70 餘歲的男性，從年紀來看，屬於高齡者。這樣的年紀，因為罹患失智症而難以判斷金融交易之利弊者並不在少數。不過，同樣的年齡仍然存在個別差異，根據過去的經歷、金融交易的經驗等，個人的理解力、判斷力也都有所不同。

金融機構作為應對的另一方，即使在對話交流上並沒有太大的問題，還是會覺得再多注意一點，可能會比較好吧！特別是針對希望進行風險性商品買賣的客戶，更有應該注意的地方。以下，試著從法律、醫學、溝通的觀點來討論吧！

1 風險性商品與高齡者，從法律的觀點

風險性商品的內容有各種各樣，這些商品的內容中，對於一般客戶而言，最重要的判斷因素是交易金額、變動風險的大小等。

風險性商品的風險內容也很多樣，其中，應該謹慎以對的有兩點，也就是，損害本人的財產及投資額血本無歸的可能性跟限制中途解約所導致的資金慘遭套牢。

以這些風險的存在為前提，銀行、證券公司、金融商品交易的業者等，不得為「依據客戶之知識、經驗、財產的狀況以及簽訂金融商品交易契約之目的，得認定係不適當之勸誘」（金融商品交易法第 40 條 1 號）。這項規則，稱為「狹義的適當性原則」。

從保護客戶的觀點，比起不可以為不適當勸誘之「狹義的適當性原則」，還有更廣泛的原則。也就是，金融商品交易業者，若非基於顧客的知識、經驗、財力，而為適合於投資目的之說明，不得為不當之勸誘（金融商品交易法第 38 條 8 號、關於金融商品交易業等之內閣府令第 117 條 1 項 1 號參照），這也稱為「廣義的適當性原則」。

實際的案例，針對是否為不當之勸誘，必須就狹義的適當性原則（不得為不適當之勸誘）及廣義的適當性原則（對於顧客為適當之說明）予以判斷。

特別是，在應對高齡客戶時，是否符合狹義的適當性原則（不得為不適當之勸誘），必須從來銀行的對話內容中，儘早判斷是否具備充足的判斷能力。

是否符合這兩項原則，不僅限於金融機構各自的嚴格規定，最終，仍必須就顧客的知識、投資經驗、資產狀況、投資目的及有問題的交易金額、所販售商品的性質等，整體性予以判斷。

不過，無論哪一項適當性原則，都無法僅以言詞定義明確之基準，判斷是否符合基準並非容易的事。掌握上開因素以確認事實，應該是有助益的。另外，掌握上

開要素以確認實際上之事實時，還必須注意到，高齡者的理解力因人而異，就個別狀況一一加以慎重地確認是非常重要的。

例如：顧客縱然有投資經驗，也不能盲目盡信。累積的這些投資經驗也很有可能是在理解能力不足、被勸誘的情形下所購買，僅係偶然未受有損失。金融機構確認顧客的投資經驗時，最重要的還是要確認其過去是否受有最大損失（風險實現）的經驗。

此外，實際確認上述事項時，另一個可以參考的因素，是顧客的「年紀」。必須注意確認 70 歲左右的人，是否具備意思能力，而出售風險性商品予 80 歲左右之人則要格外慎重。根據上開方法加以檢討，這次的案例是 70 餘歲、接近 80 歲之人，一般而言是需要相當注意並採取個別應對的。

非首次交易，而是二度交易的情況，舉例而言，出售原本持有的金融商品，不能說是新交易的勸誘，然而，在這樣的情形，必須跟新交易的勸誘一樣慎重，對高齡者而言，仍然有必要就個別行為，一一檢視其有無判斷能力。特別是，若原交易時即留存有顧客資訊，再交易時，必須特別就投資方針、交易動機、投資經驗等，詢問與顧客目前意願之異同及理由。

實際的溝通過程中，應該如何確認才好呢？就此應該注意之要點，請參考後述「服務高齡顧客的注意要點：從溝通的觀點出發」。

專欄

「適當性原則」從何而來？

最高裁判所（最高法院）第一小法庭於平成 17 年 7 月 14 日判決。這是關於證券交易的判決。判決稱「證券公司的人員，違反顧客的意願及實際情形，明知交易伴隨有重大危險仍積極勸誘，明顯係屬逾越適當性原則而為證券交易之勸誘，這樣的行為相當於不法行為法（侵權行為法）所稱之違法行為」。之後，上開最高法院判決成為重要的契機，下級審累積了許多判決，因而有本文所舉金融商品交易法之條款規範。

譯註：日本的金融商品交易法，在金融服務業之行為規範上，針對跨業性質，特別強調、強化：誠實義務、廣告規則、契約簽訂前及簽訂時之書面交付義務、加強適當性原則之規範、導入法定說明義務、禁止不當勸誘行為、導入客戶應付費用、明示為金融商品交易業等方面的揭露義務，值得借鏡參考

2 | 金融素養與認知機能的關係：從醫學的觀點

進行金融交易等經濟活動時，除了認知機能以外，個人金融素養（與金錢相關的知識及經驗）之水準亦有很大的影響。縱使認知機能下降，金融素養較高者，也較能夠毫無問題而進行金融交易。金融素養較低者，即使是很簡單的金融交易，在認知機能下降後，很有可能幾乎無法進行交易。因此，有必要充分掌握迄今為止的投資經驗及內容。

然而，即使金融素養較高，交談當中也能略微看出足以懷疑其認知機能低下的徵兆，因此販售投資信託等風險性商品時，還是需要非常慎重。金融素養較高，對於交易的判斷及手續固然沒有問題，然因其認知機能低下，一方面可能不記得手續的內容，另一方面又有失去思考一貫性之可能。

雖然很難以從多方面掌握金融素養與認知機能的水準，但基本上，可以從本人對於交易內容（包含優、缺點）理解至什麼樣的程度、能夠以自己的言詞說明選擇的理由等而加以推定。（P.29、3「意思決定能力」參照）。

3 | 服務高齡顧客的注意要點：從溝通交流的觀點

● 以開放性問題詢問而讓顧客說明

簽訂契約時，可以藉由小技巧來確認本人的理解程度。所謂開放性問題，係讓簽約者本人回答「是」、「不是」以外之答案的問題，讓本人就契約的內容直接加以說明，方屬有效。

● 讓客戶提出問題

此外，具備判斷能力者，對於自己財產的增減十分關心，大部分的人會積極的詢問風險等問題。反之，若完全沒有提出問題時，就特別值得注意。

● 危險的言詞「全部交給你了」

顧客說「全部交給你了」時，必須要立刻出現極大的警戒。顧客本人將自己預想的條件（例如：「只要不受有損失，『全部交給你了』」等」隱藏在內心，從自己的意識裡，捨棄對於說明的理解、記憶及自己的責任的可能性非常高。「全部交給你了」的說法，之後突然撤回的可能性也非常高，是最危險的言詞（法律人最值得警戒的言詞）。

● 迎合性

　　失智者有縱然無法理解，仍然回答「是」的傾向。業務承辦人以電話進行雙重確認時，詢問閱讀所得內容，不應僅獲得「是」的答覆，就契約的內容、選擇的理由、優點及缺點等問題，應由本人以自己的言詞說明，才能安心。

　　罹患失智症的顧客，判斷能力低下、無法充分理解抽象的概念，因此，對顧客說明時，關於還未實現的風險，不僅只是告知發生概率的數字，應該要具體說明讓顧客有感的風險發生頻率。

● 前後矛盾

　　罹患失智症的高齡長者，根據過去的記憶而將關鍵字並列，雖然是不理解的話題，仍然能夠持續對話。因此，在銷售商品時，必須把該商品當成新知識，仔細說明優劣、為何要購買的原因。基此，謹慎確認該說明能夠毫無障礙地適用於任何商品。

● 面對面確認的重要性

　　以電話確認本人的意思，因為看不見其表情，僅能草率確認其回答的真意。金融商品之銷售及決定，比起電話，面對面確認，更能發現顧客樣子的變化。

別讓樂齡變成「樂零」！
如何照顧失智者的荷包，金融人員的必修照護課

例如：這樣的「對話」，該如何是好？

【通常的確認場景】

那麼，慎重起見，請讓我確認一下方才說明的重點，滿期的 300 萬元定存款項將轉入活存帳戶，並用以購買投資信託的○○。是這樣嗎？

是的，沒有問題

因為基準價格會有所變動，兌換是根據當時的價格，恐有跌破本金的可能。因為投資信託並非存款，無法保證存入的本金不會貶值。

是，瞭解了。

還有其他不明白的點嗎？

沒有問題，麻煩您了。

試著引出本人的發言

【引出本人發言的對話例子】

……那麼，慎重起見，請讓我確認一下方才說明的重點。麻煩請說明您此次希望購買的內容。

使用 300 萬元定存款項，買入投資信託的○○。

謝謝您，關於本金保證，這項投資信託的○○的內容是什麼呢？

有跌破本金的風險。

5 金融機構
應有的準備

是的，的確如此。何時會發生跌破本金的風險呢？

很多都需要考慮，例如：○○的股票……的時候。

是，確實。您確實瞭解並同意這項風險了嗎？

是，瞭解。還有其他是我應該注意的點嗎？

可能性雖然很低……的時候，也有本金跌破的可能。
還有其他不明白的地方嗎？

都瞭解了，麻煩您了。

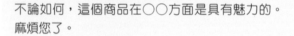
非常謝謝您，您已經瞭解交易存在風險，但仍決定購買，
什麼是您重視的呢？

不論如何，這個商品在○○方面是具有魅力的。
麻煩您了。

❷金融機構系統性的應對方針

在日本，罹患失智症之高齡者的儲蓄金額估計約達日幣 50 兆元（小松，2017），毫無例外的，日本的金融機構幾乎都有失智者的顧客，推測應有相當的金額。實際調查全國各銀行，則無不曾有過與失智症者之糾紛的分行。

要求顧客必須具備對於高度複雜事務之判斷能力的金融業，可能是失智症問題逐漸擴大之後，受影響最深的行業。一方面，吸收存款的金融機構之判斷，會對顧客生活帶來重大的影響；另一方面，最近受到注目的「顧客本位」若走到窮途末路，銀行經營業務將必須加入人權觀點而予以考量。迄今為止，金融界雖尚未從正面著手解決上開問題，不過，不論是金融業或各別企業，嚴肅採取對策，絕對是刻不容緩。

--- 應對的要點 ---

1 支持失智者的培訓課程

對於金融機構而言，支持失智者的培訓課程，是解決失智症問題的第一步。所謂支持失智者，係正確瞭解失智症以及在可能範圍內協助患者及家人，因此，金融機構得免費向地方機關或地區整合照顧中心等申請指派講師，而金融機構各分行所辦理的支持失智者培訓課程也會逐漸增加。金融機構的職員成為失智症者的支持者，在接待顧客時，就不會恐慌而能冷靜地應對。某一個知名銀行，全國各分行均設有培訓課程，之後，緊急向總行詢問的案件數量便大幅減少。

2 與外部機關合作

金融機構今後有必要與外部機關、與附近的地區整合照顧中心積極地合作，這樣的效果是多樣化的。例如：情緒因一人獨居致缺乏安全感而不安定，或在臨櫃時情緒激動，或長時間坐在大廳，為處理這種情形，可以聯繫地區整合照顧中心，由銀行職員定期前往拜訪，平時就有所接觸，緊急時才能獲得精準且適切的建議，對金融機構來說，在當地有能夠諮詢討論的專業人員，也會比較安心。

目前也有引導這種合作型態的地方機關，例如：東京都與民間企業締結「照顧高齡者之地區協定」，參與的金融機構亦逐漸增加。該協定要求「在日常業務中發

現高齡者似有異狀，應根據情況，聯繫市町村、地區整合照顧中心等守護老人之專責機關、警察及消防等」，在公部門的架構下，什麼樣的情況應該與何單位、何人聯繫之秘訣蓄積，應得拭目以待。

3 組織性應對及指引的擬定

英國阿茲海默症協會、金融當局及業界團體等，以英國為中心，與各知名金融機構合作，發表 "Dementia-friendly Financial Services Charter"（友善失智者之金融服務憲章），憲章規定「認識失智症所衍生之社會問題，從組織的上層任命『失智症冠軍』」（譯註：憲章原文係 Dementia-friendly Champion，意指為了失智症者之利益，應致力於成立「友善失智者」組織的重要性及益處），促進經營高層主動參與失智症問題，致力於推展組織性的應對。

與失智症顧客之交易，從存摺遺失及臨櫃糾紛，至複雜的財產管理等，逐漸產生各種各樣的問題。伴隨於此，需要仰賴法律、醫學、社會福利等專業知識而進行判斷的案例也不斷增加，日本金融機構之經營階層（失智症冠軍）的參與，絕對是不可或缺的。此外，個人業務的綜合部署及事務指導部、法務、法律遵循部、風險管理部、CS 部、CSR 部等相關部門，也有檢討目前的應對方式以建立跨部門有組織

之體制的必要性。

設置擁有專門的知識，能夠對於緊急性高的紛爭，立即為正確指示的部門，也是另一項值得討論的課題。這樣的專業部門，承擔營業現場的失智者照顧工作，同時，藉由修訂事務處理方針，承擔制訂實際上應對失智症顧客之指導方針的主體性責任。於擬定上開指導方針時，應該可以靈活地運用本書的指引內容。

4 開發符合失智症者需求之金融商品、服務

上述之「友善失智者之金融服務憲章」中，定有「事業過程及商品開發、修正時，應導入失智症客戶之需求」。促進成年後見制度之利用，有效保護失智症高齡者的資產，毫無疑問也是重要的。然而，失智症患者所擁有的 50 兆鉅額資產若成為一灘死水，也將嚴重損及國家財富。雖然這是一個非常困難的課題，但是，金融機構如何創造嶄新的、彌補顧客意思能力低下時之金融服務，是值得期待的。

出處：國際大學 GLOCOM「發展友善失智症者的城鎮之研究」網站

引用文献

- 飯干代子. 今日から実践 認知症の人とのコミュニケーション：感情と行動を理解するためのアプローチ. 中央法規出版, 東京, 2011.
- Grisso T, Appelbaum PS. Assessing competence to consent to treatment: a guide for physicians and other health professionals. Oxford University Press, New York, 1998. 北村總子, 北村俊則（訳）. 治療に同意する能力を測定する　医療・看護・介護・福祉のためのガイドライン. 日本評論社, 東京, 1-208, 2000.
- 小松紗代子. 社会動向レポート 認知症高齢者の日常生活自立度別検討：認知症の人への金銭管理の照顧実態と課題. みずほ情報総研レポート. 13. 2017.

参考文献

- Alzheimer's Society. Dementia-friendly Financial Services Charter. 国際大学グローバル・コミュニケーション・センター（GLOCOM）, 認知症フレンドリー・ジャパン・イニシアティブ, 株式会社富士通研究所（訳）. 認知症の人にやさしい金融サービス：金融サービスをご利用になる認知症の方々のお客様体験を向上させる憲章. (http://www.glocom.ac.jp/project/dementia/42)

對待失智症顧客應該避免的十三件事

一、　即使反覆說同樣的事或前後所言矛盾，也應該避免直接予以否定。

　　　雖然忘記內容，但仍會殘留被否定的負面感情。

二、　說明時，應該避免僅依靠言詞。

　　　表情是心靈的窗戶，手勢、圖解、大型文字的書面，足以跨越口頭言詞的壁壘。

三、　應該避免恐懼沉默

　　　顧客的沉默，也許是思考、困擾，為了拿捏下一句話所必要的時間，之後的言詞會是有意義的，不要急於掩飾這種沉默，守護沉默也是非常重要的。此外，行員向顧客說明時，不宜滔滔不絕，應該緩慢地一字一句傳達，偶爾暫停，使用沉默是有益的。這種沉默，讓顧客得以稍微思索行員所說內容及做好等待下一句話的準備。沉默之後，再繼續說重要的或難以說明之事，才能增加理解及重量。

四、　應該避免理直氣壯

　　　對於失智症等理解力及判斷力下降的顧客，針對遺失存摺、印鑑章、詐欺被害等，金融機構為了釋疑說明時，好幾個人齊膝而坐解釋細節，提出各種各樣的證據，不僅難以理解及記憶，甚至有殘留脅迫感、恐懼感的可能。應該要輕而短暫、簡單的加以說明，以避免帶來負面情緒。應該優先考慮的，是協助放鬆心情，取得與家人聯繫的理解。具體而言，「一直以來，承蒙您的家人關照，請允許我向家人打聲招呼」、「這回，請允許我們一一向您的家人自我介紹」、「這次，舉辦了露營活動……」等，以明朗、歡樂的氣氛傳達，而贏得提供其家人必要資訊的理解。

五、　應該避免長時間的說明

　　　對於失智者而言，即使是很少量的資訊，也會帶給腦部負擔。長時間的說明會削弱注意力，還會導致理解能力、記憶能力低下而變得更混亂。暫時停止、切割是較有效的。

六、　對顧客與家人的說明，應該避免只講一次

　　　將所有傳達過的內容予以綜合總結，最後，再度確認說了哪些內容，可以增進理解，也可以衡量理解的程度。

七、　應該避免由行員先發現遺失物

　　　假裝好像是由顧客發現的。若是由行員發現，可能會被懷疑是行員藏起來的。

八、　應該避免像大事記一樣記錄過程

在與通常情況不同而有特別應對時，應該分別記載客觀的事實、觀察情形、預測下次可能發生狀況等，全行員工都能掌握這些經過，下次，不論是誰，都能夠順利應對。

九、　顧客及其家人提出無理的要求，應該儘可能避免正面衝突

無法確認意思或不合於制度及法律時，「非常能夠理解您的情緒，特別提出來您的要求，但很可惜，制度上或法律上無法這樣處理。您的意見，可以向○○廳或△△協會提出，然而，若利用了□□制度，處理的可能性或許就不存在了」等，訴諸於感情，而非斷然拒絕，讓顧客看見會向上級、管轄單位傳達意見的誠意。進一步，立於與顧客及家人同樣的立場加以說明，以及提出應對方法（簡單說明優、缺點），都是非常重要的。

十、　應該避免使用事務性的說明及複雜的選項

行員對失智者若僅做簡單的說明，會帶來行員似乎很冷淡的印象。特別是，行員雖然對於失智者有所共鳴，但受限規定，無法給予回應時，行員還是應該表現出「很痛苦」、「很困擾」、「真的很抱歉」的表情與說法。另外，一次給予很多種選項或說明太過複雜，都會讓失智者容易感到混亂。此時，試著以「其他也有同樣情況的人」、「如果是採用這種方法的話」、「採取另一種方法會有什麼效果呢」等「一般性」、「選項優缺點較少」的方式來說明，這樣，失智者及家屬雖然理智上能夠理解，但感情上無法認同，卻也可以慢慢冷靜。如果直接說「可以理解您的情緒……但實在沒有辦法……這樣的話……」，恐怕會因為顧客（即失智者）及家屬情緒上的反彈而產生無法預期的後果。

十一、應該避免失智症是高齡者的疾病的想法

失智症並不限於高齡才發病，也有年輕型失智症，年輕型失智症，周圍的人都不認為是失智症，而誤認為是憂鬱症或其他疾病。不應該從眼睛所見的年齡來預想或判斷有無失智症，重要的是從客觀的事實予以檢討。

十二、應該避免僅以個人資訊的保護為優先

個人資訊的保護與活用間之平衡是非常重要的。將個人資料傳達給他人時，僅限於獲得顧客的同意，但另一方面，若有損及顧客財產的危險，個人資料保護法定有不需要本人同意之例外規定，應注意及熟悉其內容及範圍。

十三、應該避免直到緊急情況，才與家人及地區支持者合作

別等到遇到困擾時，才展開合作，平時就建立易於商量的關係是很重要的。

　　對於此時拿著這本書的您，我衷心感激。在後記，我想介紹一下開始這本著作的契機。我的門診來了一位罹患阿茲海默型失智症、年約 80 歲的女性病患，因為一人獨居，生活事務漸漸變得不太順利，申請了介護保險，也展開了居家服務。某天，負責的個管師（譯註：日文原名稱為「個管師」，與我國個管師類似，英文為 Care Manager，與需求看護者及其家人諮詢、討論，決定最適合於受看護者之方式，作成看護計畫，並仲介相關的機構或人員，擔任此工作的人員，必須具備醫療、社福等專業，且通過厚生勞動省所定「介護照顧專門員」的考試，該項考試的應試資格需具備五年以上實務經驗，是照護系統的核心人員）前來醫院，告知該名女性曾就自身的喪葬事宜（類似生命契約或生前契約）預為處理，然因沒有錢可以支付款項而感到非常困擾，而且，該名女性本身根本就忘記曾經有做過這項處置，最終，那位個管師與禮儀公司聯繫且要求解除契約，我想，類似這樣的案例，可能每天都在各地發生吧！在逐漸失去記憶力及理解力之中度過每一天的高齡者，應該會感到很不安，然而，與此同時，與之締結契約的民間企業，或許也覺得很困擾吧！

　　如果要舉出高齡者最顯著的特徵，那就是個人差異很大，超過 100 歲依舊元氣滿滿，什麼事情都自己動手做的人有之，從 70 歲開始就因為罹患失智症的疾病導致意思能力逐漸下降的人亦有之。迎接超高齡社會的日本，不應該僅依據年齡而設限，目標應該是健朗的人始終能夠活躍的社會，但另一方面，因為邁入高齡致失智症罹患率上升、意思能力下降的風險升高也是事實。對此，為創造因應這樣的人的意思能力並給予照顧的運作方式，大學的研究人員、民間企業，以及在此議題上極為活躍的法律人、社會福利關係人等一起合作並參與計畫，而醞釀出此著作，這本指南是來自各方面的參與才得以完成。我可以很自負地說，金融機構若能夠根據顧客的意思能力而提供照顧，並加入有用的知識及實踐的對話，對於未來的業務，一定會有所幫助。

　　計畫書作成之初，雖然僅有想法，但在與各式各樣的人相遇之中，想法逐漸成形而能夠創立，身為計畫提案人之一，實在是沒有比這更幸福的事了。這次是以金融機構為對象，今後，希望能夠擴及到零售業、不動產業等其他行業，同時也希望立於高

齡者的觀點，作成準備面對老年的指南。此外，我們也考慮開發及重組運用急速進步的 FinTech（金融科技）以及交流型機器人的 ICT（資訊科技）的照顧系統，今後仍請大家繼續給予支持。

2017 年 8 月

京都府立醫科大學大學院

醫學研究科　精神機能病態學

教授　成本　迅

加藤　佑佳

　　臨床心理師。2008 年任職於醫療法人恒昭會藍野醫院。2011 年，京都府立醫科大學研究所醫學研究科精神機能病態學。2014 年起，擔任該研究所之特聘助理教授。2015 年起，擔任同所之助理教授。研究領域為神經心理學。

金井　司

　　三井住友信託銀行股份有限公司　經營企劃部　理事 ・CSR（Corporate Social Responsibility，簡稱 CSR，企業社會責任）部部長。1983 年進入住友信託銀行任職，歷任倫敦分行，2005 年起擔任現職。負責整合公司的 CSR 業務。21 世紀金融行動原則經營委員（持續可能之地區支援審議會主席）、「關於社會責任之圓桌會議」經營委員。著有「CSR 經營與 SRI」、「SRI 與新企業 ・ 金融」、「自然資本入門」等書（均為共同著作）。另有許多的論文及講座。

上林　里佳

　　社會福利工作師、精神保健福利工作師、照護福利工作師、照護支援專門人員、證券業務員。1983 年任職於大和證券京都分行。退休後，重新回任醫療工作。任職於綜合社會福利設施時，同時在大學研習社會福利，並取得相關資格。之後，於地區整合支援中心服務，目前則任職於居家照顧支援中心。京都社會福利工作師會　地區整合照顧中心委員、虐待應對專門人員中心之成員。京都成年後見人。

椎名　基晴

　　律師。2008 年登錄執行律師業務。2012 年設立椎名法律事務所。2017 年，擔任京都市成年後見支援中心經營委員會副委員長。京都律師支持高齡者、身障者中心經營委員會副委員長。

名倉　勇一郎

　　司法書士。行政書士。1983 年司法書士國家考試及格。1984 年起在名古屋市內開設司法書士事務所。2003 年 3 月起，擔任社團法人（現公益社團法人）成年後見中心 ・ 法律支援愛知分部分部長，2002 年 6 月起，擔任上開法人之理事，2009 年 6 月起，擔任上開法人「醫療行為之同意檢討委員會」委員長。2015 年 6 月起，擔任上開法人之「制度改善檢討委員會」委員長。

成本　迅

　　精神科醫師。1995 年畢業於京都府立醫科大學醫學部。2001 年修畢京都府立醫科大學研究所醫學研究科博士課程（醫學博士）。歷任醫療法人精華園、京都府精神保健福利中心、五條山醫院。2005 年起，擔任京都府立醫科大學研究所醫學研究科精神機能病態學助理，2009 年起，擔任該所講師，2015 年升任副教授，2016 年起升任為教授。研究領域為老年精神醫學。

山田　克彥

　　產學合作協調員。1980 年初任職於大日本印刷股份有限公司。歷任企劃開發、營業部門，在該公司社會・革新研究所進行高齡化對策之研究。離職後，2016 年起，於京都府立醫科大學研究所醫學研究科精神機能病態學，進行關於支援意思決定之研究。

協力者

　　飯干紀代子（志學館大學　人類學部　教授）
　　小賀野晶一（中央大學　法學部　教授）

協力機關

　　京都銀行股份有限公司
　　ベネッセスタイルケア股份有限公司
　　三井住友銀行股份有限公司
　　日本損害保險ジャパン日本興亞股份有限公司
　　第一生命保險股份有限公司
　　大日本印刷股份有限公司
　　瑞穗情報綜合研究股份有限公司
　　三井住友信託銀行股份有限公司
　　21 世紀金融行動原則・持續可能之地區支援審議會

國家圖書館出版品預行編目資料

別讓樂齡變成「樂零」！如何照顧失智者的荷
包，金融人員的必修照護課 / 成本迅編著；鄭嘉
欣譯；邱銘章審定. -- 初版. -- 臺北市：書泉，
2020.08　面；　公分
譯自：実践！認知症の人にやさしい金融ガイド
ISBN 978-986-451-193-8(平裝)

1. 金融管理 2. 顧客服務 3. 失智症

561.7　　　　　　　　　109009029

3M8A

別讓樂齡變成「樂零」！
如何照顧失智者的荷包，金融人員的必修照護課

作　　　者－成本迅

譯　　　者－鄭嘉欣

審 定 者－邱銘章

發 行 人－楊榮川

總 經 理－楊士清

總 編 輯－楊秀麗

主　　　編－侯家嵐

責 任 編 輯－侯家嵐

文 字 校 對－許宸瑞

封 面 設 計－姚孝慈

發 行 者－書泉出版社

地　　　址：106 台北市大安區和平東路二段 339 號 4 樓

電　　　話：(02)2705-5066

傳　　　真：(02)2706-6100

網　　　址：http://www.wunan.com.tw/shu_newbook.asp

電 子 郵 件：wunan@wunan.com.tw

劃 撥 帳 號：01303853

戶　　　名：書泉出版社

總 經 銷：貿騰發賣股份有限公司

地　　　址：23586 新北市中和區中正路 880 號 14 樓

電　　　話：886-2-82275988

傳　　　真：886-2-82275989

網　　　址：www.namode.com

法 律 顧 問　林勝安律師事務所　林勝安律師

出 版 日 期　2020 年 8 月初版一刷

定　　　價　新臺幣 300 元

經典永恆・名著常在

五十週年的獻禮 —— 經典名著文庫

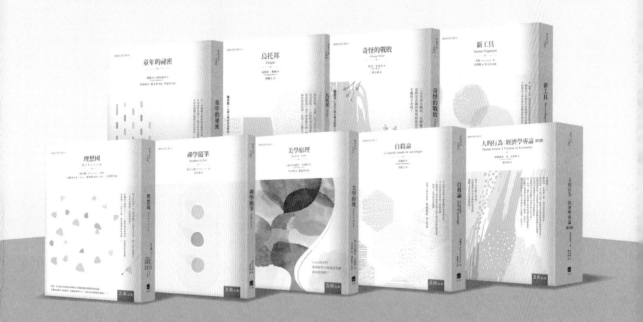

五南，五十年了，半個世紀，人生旅程的一大半，走過來了。

思索著，邁向百年的未來歷程，能為知識界、文化學術界作些什麼？

在速食文化的生態下，有什麼值得讓人雋永品味的？

歷代經典・當今名著，經過時間的洗禮，千錘百鍊，流傳至今，光芒耀人；

不僅使我們能領悟前人的智慧，同時也增深加廣我們思考的深度與視野。

我們決心投入巨資，有計畫的系統梳選，成立「經典名著文庫」，

希望收入古今中外思想性的、充滿睿智與獨見的經典、名著。

這是一項理想性的、永續性的巨大出版工程。

不在意讀者的眾寡，只考慮它的學術價值，力求完整展現先哲思想的軌跡；

為知識界開啟一片智慧之窗，營造一座百花綻放的世界文明公園，

任君遨遊、取菁吸蜜、嘉惠學子！